一课研究丛书
数与代数系列 | 朱乐平○主编

小数的初步认识
教学研究

陈小霞 / 著

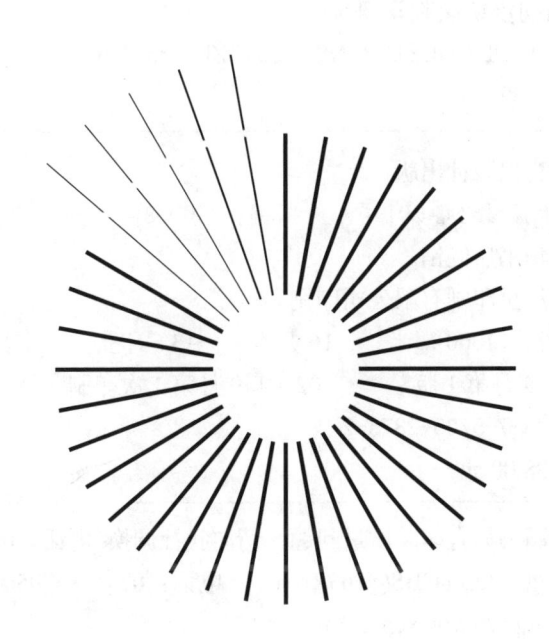

江西教育出版社
JIANGXI EDUCATION PUBLISHING HOUSE
·南昌·

图书在版编目(CIP)数据

小数的初步认识教学研究 / 陈小霞著 . -- 南昌：江西教育出版社，2021.9
（一课研究丛书 . 数与代数系列）
ISBN 978-7-5705-2875-2

Ⅰ.①小… Ⅱ.①陈… Ⅲ.①小学数学课 – 教学研究
Ⅳ.① G623.502

中国版本图书馆 CIP 数据核字 (2021) 第 181766 号

小数的初步认识教学研究
XIAOSHU DE CHUBU RENSHI JIAOXUE YANJIU

陈小霞　著

江西教育出版社出版
（南昌市抚河北路 291 号　　邮编：330008）
各地新华书店经销
南昌市红星印刷有限公司印刷
700 毫米 ×1000 毫米　　16 开本　　13.5 印张　　字数 188 千字
2021 年 9 月第 1 版　　2021 年 9 月第 1 次印刷
ISBN 978-7-5705-2875-2
定价：38.00 元

赣教版图书如有印装质量问题，请向我社调换　电话：0791-86710427
投稿邮箱：JXJYCBS@163.com　　电话：0791-86705643
网址：http://www.jxeph.com

赣版权登字 -02-2021-582
版权所有　侵权必究

序

  教师想上好一节小学数学课，常常需要一些资料进行阅读与研究，现在大家比较习惯于网上搜索，搜索的结果看上去内容有很多，但由于没有经过很好的筛选，要找到自己想要的内容，还是一件困难的事。本丛书试图为数学教师提供一个"资料超市"，为教师上好一节数学课，提供十分有用的资料，减轻教师备课、上课与研究课的工作焦虑与负担。

  我们团队从2007年开始进行一课研究，到2014年出版了"一课研究丛书·图形与几何系列"。经过五年多时间研究，包括听取读者的反馈意见，我们在原来的基础上，即将出版这套"一课研究丛书·数与代数系列"（以下简称丛书）。这套丛书是对课的研究，其中的每一本都是围绕小学数学"数与代数"领域的一节课（或者是相关的一类课）进行多视角系统研究而形成的。

  研究的内容主要是根据一线教师的课堂教学实践和理论水平提高的需要来确定。主要从以下几个维度为数学教师提供"资料超市"：

  第一，数学知识维度。要上好一节课，围绕这一节课的知识点，教师应该要比学生有更多的数学知识，人们常常称之为本体性知识，丛书形象地称为"上位数学知识"。它是针对这一节课的内容，寻找与这节课相关的初中、高中（或中等师范学校）、大学数学知识。很显然，没有上位数学知识是无法上好一节课的，但只有上位数学知识还远远不够，必须从上位数学知识中获得对小学数学教学的启示。也就是说，要把围绕一节课的上位数学知识与小学数学紧密结合，指导小学数学教师进行教学。这一维度的研究主要解决教师在知识上的"一桶水"问题。

《小数的初步认识教学研究

第二，课程标准维度。从理论上说，一个教师有了数学知识以后，首先要关注的就是课程标准。这是因为数学课程标准是一个规定了数学学科的课程性质、目标、内容和实施建议的教学指导性文件。对一节课展开研究应该从最高的纲领性文件入手，明确这节课的目标定位。丛书中所涉及的每一节课，作者都查阅了自20世纪初到现在的100多年里的所有数学课程标准（教学大纲），展现出一节课的历史沿革过程并从中获得启示。

第三，教材比较维度。数学教材为学生学习一节课的内容提供了基本线索和知识结构，是重要的数学课程资源。丛书对一节课的教材从多个角度进行比较研究。从时间的角度看，进行了纵向与横向的比较研究。纵向比较研究是对同一个出版社或同一个主编在不同时期编写的教材进行多角度比较，从历史沿革中感悟同一节课不同时期的编写特点。横向比较是对同一时期出版的多种不同版本的教材进行比较。从地域的角度看，丛书中进行了国内各地区教材的比较，国内教材与国外教材的比较。教材比较研究可以为教师上好一节课开阔视野，寻找到许多有价值的课程资源。

第四，理论指导维度。没有实践的理论是空虚的，没有理论的实践是盲目的。要上好一节课，自然需要理论的指导。奇怪的是我们虽然有许多的教育理论，但要真正系统地指导一节课的时候，特别是要指导一节课进入实践操作时，却又常常是困难的。丛书在数学教育理论指导课堂教学方面做了探索，努力做到让理论进入课堂教学实践，使实践者能够真正感受到理论的力量。

第五，学生起点维度。学生是学习的主体，要进行一节课的教学，自然要研究学生的起点。丛书不仅阐述了解学生起点的方法，而且还围绕一节课的学习，对学生起点情况进行分析与研究，从而更好地帮助教师进行教学设计。

第六，教学设计维度。有了上述五个维度的研究后，我们就可以进入教学设计维度的研究。丛书首先对一节课的教学设计进行综述，把散见在各种杂志（如《小学数学教师》《小学教学》等）和专著上的教学设计成果进行整理，明确这节课目前的所有研究成果，然后再根据学生的情况和

序

多个不同的角度设计出新的、不同的教学过程。这些新的教学设计都可以直接进入课堂教学实践。

第七，课堂教学维度。有了教学设计就可以进入课堂教学研究。这一维度主要是对一节课进行课堂教学的观察与评价。丛书将阐述如何从多个角度了解教师与学生的情况，如何对教师的教与学生的学进行观察与评价。

第八，课后评价维度。课后评价维度是指在学生学习了一节课以后，对学生的学习情况进行了解与评价。本丛书将从情感态度与知识技能两个大的方面对学生进行评价，包括如何进行课后的测查与访谈，以及对学生容易掌握的内容和容易出错的地方进行调查与研究，等等。

第九，校本教研维度。校本教研的重要性不言而喻。丛书将围绕一节课提供校本教研的活动方案，即提供教师对一节课开展系列研究的活动方案，以便对一节课进行全面、深入、系统的研究。

上述九个维度是丛书研究的基本视角，每一本书的作者会根据课的具体内容与特点有所侧重地展开研究。每一本专著既有自己的个性，又有丛书的共性。

丛书的作者是一线的小学数学教师或教研员，他们将自己对数学教育的理解，用自己熟悉的话语方式进行表达，并根据一线数学教师的需要写成了专著，试图为一线教师开展教学活动提供方便，促进数学教师的专业发展。

朱乐平

2019 年 8 月于杭州

目　录

1　上位数学知识研究 …………………………………………………001
　1.1　小数上位数学知识 ……………………………………………001
　　1.1.1　小数的概念 ……………………………………………001
　　1.1.2　小数的历史 ……………………………………………008
　　1.1.3　小数的读写 ……………………………………………011
　1.2　上位数学知识对小数初步认识教学的启示 …………………013
　　1.2.1　小数的概念对教学的启示 ……………………………013
　　1.2.2　小数的历史对教学的启示 ……………………………014
　　1.2.3　小数的读写对教学的启示 ……………………………015

2　课程标准（教学大纲）研究 …………………………………………016
　2.1　国内课程标准（教学大纲）的教学要求 ……………………016
　　2.1.1　认识小数的系统安排 …………………………………016
　　2.1.2　课程标准（教学大纲）的教学要求及其变化 …………019
　2.2　国外课程标准（教学大纲）的教学要求 ……………………021
　　2.2.1　认识小数的系统安排 …………………………………021
　　2.2.2　国外课程标准（教学大纲）的具体要求 ………………024
　2.3　国内外课程标准（教学大纲）研究对教学的启示 …………027
　　2.3.1　对集中还是分段学习的启示 …………………………027
　　2.3.2　对学习基础的启示 ……………………………………027
　　2.3.3　对安排年级的启示 ……………………………………028
　　2.3.4　对认识到几位小数的启示 ……………………………028
　　2.3.5　教学需注意的地方 ……………………………………029

3 教材研究 ·········· 030
3.1 同种教材不同时期编写情况的研究 ·········· 030
3.1.1 两种不同时期人教社教材的研究 ·········· 030
3.1.2 两种不同时期北师大版教材的研究 ·········· 040
3.2 同一时期不同版本教材编写情况的研究 ·········· 050
3.2.1 2011年课程标准指导下各版本教材的编写情况 ·········· 050
3.2.2 特色教材编写介绍 ·········· 069

4 学生研究 ·········· 082
4.1 前后测研究 ·········· 082
4.1.1 研究方法 ·········· 082
4.1.2 前测分析 ·········· 090
4.1.3 后测分析 ·········· 102
4.1.4 前后测的结论与启示 ·········· 110
4.2 其他相关研究 ·········· 115
4.2.1 学生对小数意义两种模型理解的对比研究 ·········· 115
4.2.2 三下学生"小数内容提问"的研究 ·········· 119
4.2.3 三下学生"表征0.1"能力的研究 ·········· 123
4.2.4 三下学生"数线上标小数"能力的后测研究 ·········· 127

5 教学设计研究 ·········· 137
5.1 教学设计综述 ·········· 137
5.1.1 教学目标综述 ·········· 137
5.1.2 教学过程综述 ·········· 140
5.2 教学设计赏析 ·········· 176
5.2.1 教学目标赏析 ·········· 176
5.2.2 教学过程赏析 ·········· 177
5.3 教学设计重构 ·········· 182
5.3.1 与北师大版教材配套的新设计 ·········· 182
5.3.2 与其他教材相配套的新设计 ·········· 191

参考文献 ·········· 204

后记 ·········· 207

1 上位数学知识研究

上位数学知识是指教师所具有的特定学科的知识,既包括当下知识的源头,也包括当下知识的后续发展。小数的上位知识包括小数在数论中的定义、小数的历史以及小数的读写等。具有丰厚的关于"小数"的上位数学知识有利于教师在教学时更好地把握小数的数学本质,更好地设计符合数学本身发生、发展规律而又切合学生学习特点的教学过程。

1.1 小数上位数学知识

1.1.1 小数的概念

(1)小数的定义

小数的产生有两个动因:一是十进制记数法扩展完善的需要;二是分数书写形式的优化改进。根据以上两个动因,有了很多种小数的定义。下文的定义1和定义2参考人民教育出版社出版的小学数学教材,定义3—定义7的描述及解读参考戎松魁老师的《关于小数定义的探讨》一文。

定义1:像3.45、0.85、2.60、36.6、1.2和1.5这样的数叫做小数。

解读:像定义1这样的表述还是处于直观阶段,描述性比较强,从逻辑结构上说,概念描述尚有不清晰的地方。如果光凭这种表述来认识小数,是不够全面的,但鉴于教学的阶段性,在小数的初步认识这节课采取定义1的方式表述还是合适的。

定义2:分母是10、100、1000……的分数可以用小数表示。

解读:像定义2这种说法只限于有限小数的范围。对于无限小数来说,有两种情况。一种是无限循环小数,实质上它是分母不仅仅只有2或5这样的质因数的分数,因而它的分母不可能为 $10n$($n=1,2,3,\cdots$);一种是无限不循环小数,它是无理数,不是分数(分数是有理数),但这两种也是小数。因此,这样的描述是没有考虑无限小数的。但大多数小学数学教材中小数是通过分数引入的,其主要目的是突出小数与分数的联系。因为首先引入的小数是有限小数,因此在有限小数范围内,鉴于教学的阶段性,可以采用定义 2 的描述,以便于学生的理解。

定义 3:根据十进制的位值原则,把十进分数改写成不带分母的形式的数叫做小数。小数中的圆点叫做小数点。小数点左边的部分是小数的整数部分,小数点右边的部分是小数的小数部分。整数部分是零的小数叫做纯小数。整数部分不是零的小数叫做带小数。整数可以看作小数部分是零的小数……小数部分的位数无限的小数,叫做无限小数。小数部分的位数有限的小数,叫做有限小数。

解读:定义 3 把小数定义为"把十进分数改写成不带分母的形式的数",然后又说,"小数部分的位数无限的小数,叫做无限小数",这显然是不妥当的。因为小数部分的位数无限的小数并不是由十进分数改写得到的。例如,小数 0.333……,圆周率 π 的值 3.14159……这些都不是十进分数改写得到的,也就是说,十进分数改写成的小数不包括 0.333……和 π 这样的小数,这与课本中把 0.333……、π 叫做小数是矛盾的。事实上,把十进分数改写成不带分母形式的数只能是有限小数。由此可见,定义 3 是不完善的。

定义 4:有限小数与无限小数统称为小数。①有限小数。根据十进制记数法,把十进分数改写成不带分母形式的数,这种形式的数叫做有限小数。记作 $\overline{a_n a_{n-1} \cdots a_2 a_1 . b_1 b_2 \cdots b_n}$。②无限小数。小数部分的位数是无限的小数叫做无限小数。无限小数分为无限循环小数(或称循环小数)和无限不循环小数。

解读:定义 4 对定义 3 进行了修正,把十进分数改写成不带分母形式的数定义为有限小数,这无疑是正确的。然而在定义无限小数时却说:"小数部分的位数是无限的小数叫做无限小数",然后将小数定义为"有限小数与无限小数统称为小数"。这里,在定义无限小数时用到了小数的概念,而在定义小数时又用到无限小数的概念,犯了典型的"循环定义"的错误,这样的定义是不可取的。

定义 5:分母是 10、100、1000……的真分数,可以写成不带分母的形式,这种形式的数,称为"十进小数",简称"小数"。一般地,当 a_1,a_2,…,a_n,…只取 0,1,2,…,9 等十个数时,$\frac{a_1}{10}+\frac{a_2}{10^2}+\cdots+\frac{a_n}{10^n}+\cdots$ 称"小数",记为 $0.a_1a_2\cdots a_n\cdots$。任何实数都可以表示成整数与小数的和。当 a_{n+1},a_{n+2},…为零时,写作 $0.a_1a_2\cdots a_n$,称为"有限小数"。当 a_1,a_2,…,a_n,…中有无限个不为零的数时称 $0.a_1a_2\cdots a_n\cdots$ 为"无限小数"。

解读:定义 5 注意到了无限小数的实质,因而克服了定义 3、定义 4 中存在的某些缺点。但至少还存在以下不足之处:①把小数定义为分母是 10、100、1000……的真分数改写成不带分母形式的数,那么诸如 $\frac{13}{10}=1.3$,$\frac{2357}{1000}=2.357$ 等数都不能称为小数了,这与 1.3、2.357 等都是小数的传统观点不相符。②定义的前一部分所表述的小数概念与后一部分表述的小数概念是不一致的。③定义的后一部分指出"任何实数都可以表示成整数与小数的和",但没有指出这种"和"可以写成何种形式,这种"和"是不是叫小数。定义中也未论及负小数的问题。

定义 6:在十进制记数法中,小数通常指以 10 的自然数幂作为分母的分数,所以小数又叫做十进分数。……为了进一步加以推广的需要,小数还被看作是以 10 的各正整数乘幂为分母的一些分数的和:$p_0+\frac{p_1}{10}+\frac{p_2}{100}+\frac{p_3}{1000}+\cdots$ 其中 p_0 是整数,p_1,p_2,…分别是 0 到 9 这十个整数之一,通常记成 $p_0.p_1p_2p_3\cdots$,其中小数点后面的数码或为有限个,或为无穷多个。

解读:定义 6 在指出"小数通常指以 10 的自然数幂作为分母的分数"之后,指出了"为了进一步加以推广的需要,小数还被看作是以 10 的各正整数乘幂为分母的一些分数的和",这就弥补了以上几个定义中存在的一些问题,但是定义仍未提及负小数,当 p_0 是负整数时,将 $p_0 + \dfrac{p_1}{10} + \dfrac{p_2}{100} + \dfrac{p_3}{1000} + \cdots$ 记作 $p_0 . p_1 p_2 p_3 \cdots$ 也是不妥当的。

定义7:(引理)设 p_k 是整数,且 $0 \leq p_k \leq 9$ ($k=1,2,3,\cdots$),则级数 $\sum_{k=1}^{\infty} \dfrac{p_k}{10^k}$ 是收敛的。从这个引理出发,我们给出如下的小数定义。

①根据十进制的位值原则,将和 $\alpha = p_0 + \sum_{k=1}^{n} \dfrac{p_k}{10^k}$ 记成 $\alpha = \overline{p_0 . p_1 p_2 \cdots p_n}$,其中 p_0 是非负整数,p_k 是整数,且 $0 \leq p_k \leq 9$ ($k=1,2,\cdots,n$),则称 $\alpha = \overline{p_0 . p_1 p_2 \cdots p_n}$ 为非负有限小数,其中小圆点"."叫做小数点。当 p_0、p_k ($k=1, 2, 3, \cdots, n$) 不全为零时,称 $-\alpha = -\overline{p_0 . p_1 p_2 \cdots p_n}$ 为负有限小数。

非负有限小数和负有限小数统称为有限小数。

②根据十进制的位值原则,将和 $\beta = p_0 + \sum_{k=1}^{\infty} \dfrac{p_k}{10^k}$ 记成 $\beta = \overline{p_0 . p_1 p_2 p_3 \cdots}$,其中 p_0 是非负整数,p_k 是整数,且 $0 \leq p_k \leq 9$ ($k=1,2,3,\cdots$),则称 $\beta = \overline{p_0 . p_1 p_2 p_3 \cdots}$ 为非负无限小数,其中小圆点"."叫做小数点。当 p_0、p_k ($k=1,2,3,\cdots,n,\cdots$) 不全为零时,称 $-\beta = -\overline{p_0 . p_1 p_2 p_3 \cdots}$ 为负无限小数。

非负无限小数和负无限小数统称为无限小数。

③有限小数和无限小数统称为小数。

④小数中小数点左边的部分叫做小数的整数部分,小数点右边的部分叫做小数的小数部分。

解读:定义7形式上比较烦琐,但它克服了以前各小数定义中的不足之处,而且也容易为中小学数学教师及其他数学工作者所接受。至于引理中出现的级数,这是难以避免的,因为只有运用极限工具,才能解决无限和的问题。

（2）小数点的功能

一个小数由三个部分组成：整数部分、小数点、小数部分。有人误认为小数点是小数数位名称的对称中心，但实际上小数点左右两边的数位名称并没有对称。小数点左边的数位（由右向左）分别是个位、十位、百位……，小数点右边的数位（由左向右）分别是十分位、百分位、千分位……如果将小数点当成是数位的对称中心，则小数点的右边少了"个分位"。

那么，小数点的功能是什么呢？对于有位值概念的学生而言，很容易判断整数的各个数位的名称，因为在整数的记法中，最右边的数位名称是个位，找到个位后，就可以顺利地找到十位、百位、千位……但是在小数的记法中，如果没有小数点，学生就无法确定各个数位的名称，因为小数的十分位不在最右边的位置，没有小数点，就找不到个位的位置，相对地，也找不到其他的数位名称。

综上所述，小数点并不是小数数位名称的对称中心，它的功能是告诉我们个位在哪里，个位才是小数数位名称的对称中心。

（3）小数的小数部分

从前面对小数的定义中可看出，对小数部分的定义采用的是一种类似口头描述、结合具体小数用形象直观的话语来说的，即小数点右边的部分是小数部分。而到具体的例子中，以3.6为例，小数部分究竟是"6"还是"0.6"引起了不少争论。

一个数的整数部分和小数部分是如何定义的呢？《初等数论》中明确给出了定义：函数$[x]$与$\{x\}$是对于一切实数都有定义的函数，函数$[x]$的值等于不大于x的最大整数；函数$\{x\}$的值是$x-[x]$。我们把$[x]$叫做x的整数部分，$\{x\}$叫做x的小数部分。

明确了数学上的定义，一个数的整数部分和小数部分就不存在任何争议了，比如3.6的整数部分是不大于3.6的最大整数，就是3，3.6-3=0.6，所以3.6的小数部分是0.6，也可以说成是十分之六。再如-3.2，不超过它的最大的整数是-4，所以-3.2的整数部分是-4，-3.2-(-4)=0.8，所以-3.2的小数部分是0.8。

（4）小数的分类

根据整数部分是不是零，可以把小数分为纯小数和带小数。整数部分是零的小数称为纯小数，例如：0.3、0.45、0.089等。整数部分不是零的小数称为带小数，例如2.53、8.45、15.1等。

根据小数位数的不同，可分为有限小数和无限小数。小数位数有限的小数，称为有限小数，例如：0.5、1.485。小数位数无限的小数，称为无限小数，例如：$\frac{1}{3}$=0.333……，π=3.1415926……。无限小数还可以分为循环小数和不循环小数。位数无限而数字排列又没有规律的小数，叫做无限不循环小数，例如π=3.1415926……。小数部分从某一位起，一个数字或几个数字依照一定的顺序不断地重复出现的小数叫做循环小数。一个循环小数的小数部分，依次不断重复出现的数字，叫做这个循环小数的循环节，例如1.02424……的循环节是"24"。循环小数还可以分为纯循环小数和混循环小数两类。从小数点后第一位就开始循环的小数称为纯循环小数，如0.333……、2.103103……。在小数点和第一个循环节之间有数字的循环小数，称为混循环小数，如2.24848……、3.478989……。

（5）用小数定义有理数和无理数

在历史上很长一段时间用分数表示有理数，并且把不能表示为分数形式的数称为无理数。前文提到分数与有限小数或者无限循环小数是等价的，这样就可以用小数定义有理数：有限小数或者无限循环小数称为有理数。可以用小数定义无理数：无限不循环小数称为无理数。进而，就可以用小数定义实数：有理数和无理数统称为实数，其中有理数称为有限小数或者无限循环小数，无理数称为无限不循环小数。

本质上我们还可以这样说，无限小数形成了实数域，因为任意有限小数也可以写成无限小数的形式，只要从某一位小数开始，以后永远是9就可以了，如5.38=5.37999……。

（6）小数与其他数之间的关系

①小数与分数之间的关系。

小数的分类中提到小数可以分为有限小数和无限小数。有限小数可以化成十进分数；无限小数可以分为无限循环小数和无限不循环小数，其中无限循环小数可以化成分数，无限不循环小数不可以化成分数。从中可以看出，有限小数与循环小数的并集称为分数集合，分数集合是小数的子集。

小数与分数之间有相同的地方，也有不同的地方，具体见表1-1。

表1-1　小数知识和分数知识的比较

小数知识	（真）分数知识	类似（√） 不同（×）
A. 小数的值 1. 在0与1之间表达一个值 2. 整体被分成很多较小等份 3. 在0与1之间有无限个小数存在	A. 分数的值 1. 在0与1之间表达一个值 2. 整体被分成很多较小等份 3. 在0与1之间有无限个分数存在	（√） （√） （√）
B. 小数符号 1. 一个单位被分成几个的数隐含在数字的位置中 2. 有多少等份表示在小数的量中 3. 整体仅可被分成10的幂次方	B. 分数符号 1. 一个单位被分成几个的数是由分母明确界定的 2. 有多少等份表示在分数分子中 3. 整数可被分成任一个等份的数	（×） （×） （×）

从表1-1中可以看到，小数与分数的差异主要反映在符号表征系统，即B部分。

②小数与整数之间的关系。

小数与整数共享一个位值制，是计数单位向相反方向的延伸。为了理解小数，需要重新理解整数，其核心在于重新理解十进制。可以用10的幂（次方）的形式来表示十进制。无论是整数还是小数，都可以用10的整数次幂的组合（加法）表示。一个十进制的数就是一个以10的整数次幂为基底的线性组合，而一个小数就可以用10的负整数次幂表示。整数可以看成小数部分是零的小数。

小数与整数之间有什么异同？具体见表1-2。

《 小数的初步认识教学研究

表 1-2 小数知识和整数知识的比较

小数知识	整数知识	类似（√）不同（×）
A. 数值	A. 数值	
1. 数字从左移到右时，值会变小	1. 数字从左移到右时，值会变小	（√）
2. 左边数字是右边相同数字的 10 倍	2. 左边数字是右边相同数字的 10 倍	（√）
3. "0"有位值的意义	3. "0"有位值的意义	（√）
4. 一个数的右边增加"0"时，其值不变	4. 一个数的左边增加"0"时，其值不变	（×）
5. 从小数点开始往右其值递减	5. 从小数点开始往左其值递增	（×）
B. 数位	B. 数位	
1. 小数点以后名称按数字次序读出	1. 没有小数点以后的数字	（×）
2. 小数部分从十分位开始	2. 从个位开始	（×）
3. 位名顺序是从左到右（十分位，百分位，千分位……）	3. 位名顺序是从右到左（个位，十位，百位……）	（×）
4. 读数字的顺序是十分位，百分位，千分位……	4. 读数字的顺序是……千位，百位，十位，个位	（×）
C. 读法	C. 读法	
小数点左边整数部分按照整数读法，右边的数字依数字次序读出	依整数十进制结构读	（×）

1.1.2 小数的历史

（1）小数思想的产生

小数是在实际度量和整数运算（如除法、开方）的需要中产生和发展起来的。随着社会的发展，人们对数表示的精确程度要求提高。起初，人们用整数就足以有效表示具体数量；之后，随着社会和技术的发展，人们需要在数量的末尾标注"有余""有奇"或者"强""弱"等字样，才能更有效呈现表示数量与实际数量的差异。这时，为了更精确地表示实际数量，尽量减少表示数量与实际数量的误差，在实践中，人们就逐渐形成两种表示方法：一种是用分数表示不足整数的剩余部分；另一种是发展度量衡系统，用更小的度量单位表示具体的数量。

早在公元 3 世纪，我国就有了小数思想的萌芽形态——"徽数"。刘徽在注解《九章算术》时提及，长度计量单位是"丈、尺、寸、分、厘、毫、秒、忽"，"忽"是最小的长度单位。在计算中，他把"忽"作为单位，以下那些没有明确单位的数就是小数，刘徽称它们为"徽数"，或者把它舍去，或者化成简单分数，或者用十进分数表达。刘徽是我国历史上目前所知最早应用小数的数学家，可惜的是他没有对计数法稍加改进，把小数推到现代的水平，反而把十进分数作为一般的分数进行通分约分。

（2）小数记法在我国的发展

继刘徽之后，我国古代的许多天文学家和数学家都尝试用不同方法来表示小数。比如，南朝著名的思想家、天文学家和数学家何承天编著的《宋书·律历志》就大量记录了小数，其用十一万八千二百九十六二十五表示实际的 118296.25 这个数，即用附在整数后面的小字表示小数。这大概是数学史上最早的小数表示法了。

宋代数学家秦九韶的《数书九章》中，不仅有大量的小数计算，而且小数记法十分先进：用有关文字标明一个算筹数码的个位数，清楚地把整数部分、小数部分区分开来。例如，在第 6 卷"环田三积"的运算中出现的带小数"三十二万四千五百六步二分五厘"（324506.25 步），在演算中用算筹表示，如图 1-1。

图 1-1　带小数的算筹表示

用"余"表示该位之后的数就是小数。在此书的第 12 卷和第 13 卷中还有纯小数表示法，如图 1-2。

图 1-2　纯小数的算筹表示

元代数学家朱世杰主编的《算学启蒙》一书中将"斤换两"编成歌诀："一退六二五，二留一二五，三留一八七五，四留二五……"当时，半斤是八两，一斤是十六两，因此这段记载的意思就是：十六分之一等于 0.0625，十六分之二等于 0.125，十六分之三等于 0.1875，等等。斤换两的结果都是现在意义上的小数，这样把遇到的分数转化成小数，有利于计算，方便日常生活。

由此可见，宋元时期，我国在小数的记法上不仅指明了数的个位，区别出整数部分和小数部分，而且对于纯小数，还写上了我国特有的"〇"，表示得十分清楚。我国古代筹算历来是对齐数位进行的，所以小数的运算也是不成问题的。因此可以说，我国的小数在宋元时期已发展到现代的水平了，与现在相比，仅是没采用小数点的记号罢了。

小数点在我国最早出现在清朝梅珏成等编著的《数理精蕴》一书中。书中把小数点记在了个位的右上方，与现在小数点表示方式略有不同。但当时并没有引起数学界的重视，于是，在相当长的一段时间内，十进小数的表示方式十分混乱，到公元 19 世纪才普遍采用小数点，一直延续至今。

（3）小数记法在其他国家的发展

公元 15 世纪，阿拉伯数学家阿尔·卡西才成为除中国以外第一个应用小数的人。他创造了将整数部分与小数部分分开的记小数方式，如图 1-3。

整数	小数
6	283 150 717

图 1-3　阿尔·卡西创造的小数记法

他还用颜色区别整数部分与小数部分，用红墨水写整数部分，用黑墨水写小数部分。

在欧洲，对十进小数研究贡献最大的人是荷兰数学家、工程师斯蒂文。他在日常工作中制造利息表时，发现了十进小数的优越性，因此他极力主张把十进小数引进整个算术运算中去，使十进小数有效地参与计数。公元 1585 年，他写了一本《论小数》的书，提出了新的小数记法，如把 0.71 记为：0◎7①1②或 7'1"，这个结果可表示为 $\frac{7}{10}+\frac{1}{100}$。

此外，也有人探索其他的小数记法。英国数学家布里格斯在《对数算术》一书中表示小数的方法，是在小数部分的数字下面画一条水平线，例如，把 1.4142 写成 14142。英国人乌特勒在《数学入门》中则使用了更方便的小数写法：小数部分与整数部分可以写在同一条线上，但要用垂直线将它们分开，因此，可以叫做分隔线。小数部分的分母取决于最后一位数字的位置，例如，0|9 是 $\frac{9}{10}$，0|63 是 $\frac{63}{100}$，以此类推，如有空位则用 0 来填补，如，0|00007 是 $\frac{7}{100000}$。

在总结了前人有关小数记法的基础上，瑞士数学家比尔吉做了进一步改进。他用空心小圆圈把整数部分和小数部分隔开，比如，把 97.853 表示为 97。853，这与现代的表示法已极为接近。

大约过了一年，德国数学家克拉维斯首先用黑点代替了小圆圈，并在公元 1593 年《星盘》一书，将这一做法公之于世。至此，小数的现代记法才被确立下来。

由于用小黑点"."表示小数既简明又方便，所以到了公元 18 世纪，这种记写小数的符号便成为一种较为通用的方法了。但是，小数点的表示至今在不同的国家仍有不同的方法。用小黑点"."表示小数点的国家有中国、英国和美国。用","表示小数点的国家有德国、法国和俄罗斯。

1.1.3 小数的读写

（1）小数的读法

小数的读法有两种——意读和直读。

所谓意读，即根据小数的意义来读。对于有限小数，由于其实际上是十进分数的另一种表现形式，因此，可以按分数的意义来读，这就是意读。如 51.18 读作五十一又百分之十八，0.083 读作千分之八十三。一般地，带小数的整数部分仍按整数的读法来读；小数部分按分数的读法来读，用小数的最后一个数位名称中的数（十、百……）作分母，用小数部分的各位数字所组成的整数做分子。

所谓直读,即按照形式直接读出。如 51.18 读作五十一点一八,0.083 读作零点零八三。一般地,整数的读法仍按整数的读法来读,小数点读作"点",小数部分顺次读出各个数位上的数字即可。对于无限小数,采用直读的方法来读。以上的讨论,基本上是在有限小数的范围内进行的。

(2)直读时小数部分和整数部分的读法

小数部分和整数一样,都有一定的数位名称,相邻两个计数单位间的进率也都是"十",因此,记数的方法也一样。但是,由于它们所表示的意义不一样,读法也不一样。

例如,0.12 读作零点一二,表示它有 1 个十分之一和 2 个百分之一,只是把计数单位省略了。正如有时候 160 可以简读成"一六〇"一样。

为什么 0.12 不能读作"零点十二"呢?这是因为小数点右边第一位不是"十位",而是"十分位";小数部分十分位的"1"只是表示 1 个十分之一。只有当我们把 0.12 看作由 12 个百分之一组成的时候,才可以把小数部分"12"看作十二,但是一定要明确它的计数单位是百分之一。

(3)小数部分的零的读法

我们在读整数时,整数部分每一级末尾的 0 不用读出来,中间连续有几个 0,通常只读出一个 0 就可以了。例如:3005 读作三千零五,一听就知道这个数的千位上是 3,个位上是 5,千位与个位之间的百位、十位上都是 0,虽然只读出一个 0,却能准确地表达出这个数是多少。

而小数中的小数部分的计数单位与整数不一样,不读与少读小数部分的 0,就不能准确地表达出这个小数的大小。例如:2.005,要是读成二点零五的话,我们就搞不清这个数是 2.05 还是 2.005 或是 2.0005。所以,小数部分无论有几个 0,都要顺次读出来。

(4)小数的写法

小数是按照位值原则并以小数点作为定位标准写出来的。教学小数的写法时,要联系小数的读法,说明整数部分按照整数的写法来写,整数部分是零的写 0,然后在整数个位的右下角写一个圆点,小数部分顺次写出每个数位上的数。从一开始就要求学生把小数点写在个位的右下角,不可写在个位和十分位的中间；要写成圆点"."，不可写成"、"。另外还要注意与电子表计时方法的区分，即 6.05 不要写成 6:05。

1.2 上位数学知识对小数初步认识教学的启示
1.2.1 小数的概念对教学的启示

"小数的概念"向大家介绍了关于小数的不同定义、小数的小数部分、小数的分类及小数与其他数之间的关系等。关于小数的不同定义，为了避免说错话或前后矛盾，作为教师我们需要深入理解。但在学生学习"小数的初步认识"时，我们建议只需出示"像 3.45、0.85、2.60、36.6、1.2 和 1.5 这样的数叫做小数"这样的描述性定义。随着学生年龄的增长，小数内容学习的不断深入，对于小数概念的理解会不断深入。对于"小数的小数部分是什么？"这样的问题，自己明白了这一理论知识后，针对小学生，为了避免歧义，建议命题时明确要求，如 3.6 的小数部分的数值是什么（答案是 0.6）；3.6 的小数部分的数字是什么（答案是 6）。关于小数的分类，在初学阶段，虽然没有正儿八经地进行分类，但学习的过程已经体现出了分类的过程。如让学生讨论"整数部分没有，怎么表示？""1 米 3 分米，用米作单位怎么表示？"等问题时，就是在强调纯小数和带小数的表示方法及不同点。

"小数与其他数之间的关系"与大家一起分析了小数与分数、小数与整数的关系，这给教学带来了重要的启示：我们可以通过分数和整数这两个已知的知识建构小数的概念。

途径一：通过分数的"部分与整体"关系促使小数概念的形成。"部分与整体"关系是用来诠释分数意义的一种。从分数的角度切入，我们可以发现，将单位 1 平均分成十份，一份是 $\frac{1}{10}$，也就是 0.1。$\frac{1}{100}$ 对应 0.01，可从十分之一的分量中再十等分产生。$\frac{1}{1000}$ 对应 0.001，可从百分之一的分量中再十等分产生……十等分的活动可任意无限制继续下去。利用与分数的对应，可让学生初步建构小数概念，另外，无限制被分割的观念还可以用来说明小数的稠密性。

途径二：利用整数的位值概念来理解小数。由右边数位的位值是左边数位位值的 $\frac{1}{10}$ 来类推小数位值等。在阿拉伯记数系统中，用 0~9 十个数字及其被置放的相对位置来表征所有的非负整数。在此记数系统里，任何非负整数皆可以用展开式来表示，例如 $238=2\times10^2+3\times10^1+8\times10^0$。在此展开式中，238 可被看成是 2 个 100、3 个 10、8 个 1 合成的结果。展开式可以显示出此数的每个数字所代表的数值。个位是记录几个一的位置，其位值为 1；以个位为基准点，往左一位是十位，是记录几个十的位置，位值为 10；再往左一位是百位，是记录几个百的位置，其位值是 100，以此类推，可以无限制地向左延伸下去……为了使个位也能无限制地向右延伸下去，将指数范围扩大至负整数。往左扩展一位是乘 10 的结果，因此往右扩展一位是除以 10 的结果。利用位值往右扩展的结果，就有了小数符号及新位名的产生，所以小数 0.75 可以表示为 $7\times10^{-1}+5\times10^{-2}$。小数 0.75 被看成是 7 个 0.1 和 5 个 0.01 的合成结果，又因为单位 0.1 是其紧邻右边单位 0.01 的十倍，因此小数 0.75 也可被看成是 75 个 0.01 的合成结果。

阅读了这部分内容，对于教学中出现的一些错误表达，如"小数就是分母为 10、100、1000……的分数""像这样有小数点的数就是小数"……相信现在你能纠正了，前者的表述忽略了无限小数，而反过来表述则是妥当的，即"分母为 10、100、1000……的分数可以改写成小数"；后者则犯了"循环定义"的错误，应该是先有了小数的定义后，才有小数点这个名称。

1.2.2 小数的历史对教学的启示

前文"小数的历史"这一节中向大家介绍了小数思想的产生、小数记法在国内外的发展，了解了这些，相信你对小数的"前世"已经有足够的了解。从某种意义上说，人类的教育教学过程就是人类原始创新活动过程的"智慧复演"，也就是说，小学生学习"小数"的过程在某种意义上就是这一知识发生发展历史过程的重演。小学生学习"小数的初步认识"，相当于人类认识小数的起步阶段，其学习方式可以遵循小数的发展史。前文提到"随着社会的发展，人们对数表示的精确程度要求提高"从而产生了小数，遵循这一历史，我们在教学时可以创设需要进一步强调数量精确程度的情境引入小数，如"一本书的价格比 7 元贵，但还不到 8 元，猜猜是多少钱？""桌子的长比 1 米多，还未到 2 米，怎么表示？"……让学生在强调精度的情境中感受小数产生的必要性。前文还提到最早的小数记法是用"附在整数后面的小字"表示小数的，其实这样的例子在生活中还是经常可以见到，如果带领学生用历史的眼光来解读类似的例子，相信他们会充满兴趣，而且还能在视觉冲击中直观感受小数部分所表示的数值很小。

1.2.3 小数的读写对教学的启示

"小数的读写"这一部分内容向大家介绍了小数的读法、直读时为什么小数部分的读法和整数部分的读法不一样、小数部分的零为什么都要读出来以及如何写小数。小数的读法有意读和直读两种，意读的方法强调与分数之间的联系，直读的方法则更容易让人将小数与整数联系起来。在现今的教学中，基本上是采用直读的方式。但对于初学者，接触到的都是有限小数，我们建议先采用意读的方式。因为小数中一个单位被分成几个的数是隐含在数字的位置中的，学生很容易忽略。而采用意读的方式，在读的过程中，学生要不断地判断小数部分是将单位 1 平均分成了几份，无形中会强调单位 1 以及将单位 1 平均分成的份数，有利于突破对小数部分意义的理解。

采用直读的方法时，小数部分的读法、小数部分 0 的读法，是学生的易错点，主要是受到整数规则的影响。在直读法的教学时，可以采用比喻的方法，即"小数部分要像读电话号码那样，一个一个读出来"，也可以采用对比的方法，即"对比整数部分和小数部分的读法有什么不一样"。但除此之外，一定要向学生介绍不同以及每个零都要读出来的原因。小数的写法，我们建议怎么读就怎么写，但还是有学生会受电子表记时法的影响和整数规则的影响出现错误，所以写法的教学看似简单，但还是要引起重视。

2 课程标准(教学大纲)研究

不管是我国还是其他国家,都在不同时期颁布了对教学内容有指导性作用的文件。这些国家层面颁布的文件对小学"小数的认识"的教学无疑产生着极其重要的影响。回顾我国自 20 世纪以来 100 多年间颁布的课程标准(教学大纲),对照今天的课程标准,分析其中的变与不变,能够让我们对"小数的认识"的教学要求更加清楚。另外,了解国外的数学课程标准(教学大纲)中对"小数的认识"的教学要求,也能够使我们的眼界更为开阔。

2.1 国内课程标准(教学大纲)的教学要求

2.1.1 认识小数的系统安排

(1)相关内容的出现

在 1902 年颁布的《钦定蒙学堂章程》中就提出了对"小数"的教学要求:算学(分数小数)。但据文献记载,《钦定蒙学堂章程》并没有真正实施,很快就被 1904 年颁布的《奏定初等小学堂章程》所取代,该章程中对"小数"的要求是在小学堂四年级学习"小数之书法,记数法"。此后的每个文件都有关于"小数"的教学要求,这说明从 20 世纪初开始,"小数"的知识一直都是小学的教学内容。

(2)是否要求分段学习

分析我国百余年的课程标准(教学大纲),不同时期的文件对小数的认识集中学习还是分段学习有不同的要求,详见表 2-1。

2 课程标准（教学大纲）研究

表 2-1 小数的认识集中或分段学习一览表

年份	课程标准（教学大纲）名称	五年制	六年制
1902	《钦定蒙学堂章程》	集中学习	
1904	《奏定初等小学堂章程》	集中学习	
1912	《小学校教则及课程表》	集中学习	
1916	《国民学校令施行细则》《高等小学校令施行细则》	集中学习	
1923	《新学制课程标准纲要》	/	两段学习
1929	《小学课程暂行标准》	/	两段学习
1932	《小学各科课程标准》	/	两段学习
1936	《小学算术课程标准》	/	两段学习
1941	《小学算术科课程标准》	/	两段学习
1948	《算术课程标准》	/	两段学习
1950	《小学算术课程暂行标准（草案）》	集中学习	/
1952	《小学算术教学大纲（草案）》《小学珠算教学大纲（草案）》	集中学习	/
1956	《小学算术教学大纲（修订草案）》	/	集中学习
1963	《全日制小学算术教学大纲（草案）》	/	两段学习
1978	《全日制十年制学校小学数学教学大纲（试行草案）》	两段学习	/
1986	《全日制小学数学教学大纲》	两段学习	两段学习
1988	《九年义务教育全日制小学数学教学大纲（初审稿）》	灵活机动	灵活机动
1992	《九年义务教育全日制小学数学教学大纲（试用）》	灵活机动	灵活机动
2000	《九年义务教育全日制小学数学教学大纲（试用修订版）》	灵活机动	灵活机动
2001	《全日制义务教育数学课程标准（实验稿）》	/	两段学习
2011	《义务教育数学课程标准（2011年版）》	/	两段学习

从表 2-1 可以看出，国内课程标准（教学大纲）关于"小数的认识"的学习安排呈现"集中—分段—集中—分段—机动—分段"的反复过程。

（3）第一次认识小数与分数教学的前后关系

百余年的课程标准（教学大纲）对小数和分数教学顺序有不同的要求，详见表 2-2。

《 小数的初步认识教学研究

表 2-2 第一次认识小数与分数教学的前后关系一览表

颁布时间	五年制	六年制	颁布时间	五年制	六年制
1902	不详		1952	先学分数	/
1904	先学小数		1956	/	先学分数
1912	先学小数		1963	/	先学分数
1916	先学小数		1978	先学小数	/
1923	/	先学小数	1986	先学小数	先学小数
1929	/	先学小数	1988	先学分数	先学分数
1932	/	先学小数	1992	先学分数	先学分数
1936	/	先学小数	2000	先学分数	先学分数
1941	/	先学小数	2001	/	灵活机动
1948	/	先学小数	2011	/	灵活机动
1950	先学小数	/			

从表 2-2 可以看出，除 1902 年颁布的文件先学分数还是先学小数不详和 2001 年、2011 年颁布的标准未明确规定小数和分数的学习顺序外，其他文件对小数和分数的编排顺序也呈现反复的过程，分别是"先小数—先分数—先小数—先分数"。

（4）第一次认识小数的教学年级安排

百余年的课程标准（教学大纲），第一次认识小数安排在几年级？为了直观地看出年级安排，我们同样借助表格来罗列，具体见表 2-3。

表 2-3 第一次认识小数的教学年级安排一览表

颁布时间	五年制	六年制	颁布时间	五年制	六年制
1902	高等小学第二年		1952	五年级	/
1904	初等小学第四年		1956	/	六年级
1912	初等小学第四年		1963	/	四年级
1916	国民小学第四年		1978	二年级	/
1923	/	四年级	1986	二年级	三年级

018

（续表）　　　　　表 2-3

颁布时间	五年制	六年制	颁布时间	五年制	六年制
1929	/	三年级	1988	四年级	四年级
1932	/	三年级	1992	四年级	四年级
1936	/	三年级	2000	四年级	四年级
1941	/	三年级	2001	/	第一学段
1948	/	四年级	2011	/	第一学段
1950	四年级	/			

从表 2-3 可以看出，除了 2001 年和 2011 年课程标准没有规定年级只规定学段外，其他课程标准（教学大纲）都明确规定了教学年级。将表 2-1 和表 2-3 结合起来看，发现要求集中学习的课程标准（教学大纲）会拉高学习的年级，相反，要求分段学习的课程标准（教学大纲）第一次学习小数的年级会相对安排得低一些。

2.1.2　课程标准（教学大纲）的教学要求及其变化

（1）课程标准（教学大纲）对"小数的初步认识"的教学要求

自 20 世纪以来的 100 多年中，对于"小数的初步认识"这一教学内容，课程标准（教学大纲）对它的教学要求可以分成以下几个历史阶段。

① 1902、1904、1912、1916 年颁布的四个相关文件规定集中学习小数，相关要求非常简单，分别是"算学（分数小数）""小数之书法、记数法""小数之读法、书法""简易之小数诸等数加减乘除"。

② 1923、1929、1932、1936、1941、1948 年颁布的六个文件规定分两段认识小数，对第一次认识小数的要求如下：1923 年的文件要求是学习"小数的数量观念和用语，小数和诸等数的读法和写法"。1929、1932、1936 年颁布的文件在各学年作业要项中提出"有名小数的练习"。1941、1948 年颁布的文件提出学习"有名小数的意义和写法"。对第二次认识小数的要求如下：1923 年的文件要求"同第四学年,加四则练习"。1929 年文件要求教学"无名小数加减乘除"。1932、1936 年文件要求教学"十进复名数和小数的关系

的认识、小数（不名数）加减乘除的练习"。1941年的文件提出了比较详细的教学要求：小数的认识（认识至三位止练习至四位止），具体要目：纯小数和带小数的认识、小数的读法写法、小数位的认识。1948年的文件提出"学习小数的命法和写法，包括有名小数和不名小数；纯小数和带小数"。

③ 1950、1952、1956年颁布的三个文件规定小数的认识集中学习，其中1950年颁布的文件提出学习"小数的意义、记法和读法"。1952、1956年颁布的文件的大纲部分提出学习"小数的写法和读法"。1952年的文件在说明部分提出：小数的学习要在分数的学习之后。小数是一种特殊的分数（分母为十、百……），因此教学时应联系分数。同时还应当联系十进复名数，因为把十进复名数变成有名小数，在日常生活中有广泛的应用。1956年的文件在说明部分提出：小数在日常生活中虽然有广泛的应用，但是在小学阶段，小数的学习还是初步的和比较简单的，小数的认识只到千分位为止。

④ 1963、1978、1986年颁布的三个文件规定小数的认识分段教学，1963年文件对第一次学习提出的教学要求是在初步认识分数的基础上初步理解小数的意义，教学内容是用小数表示十分之几、百分之几、千分之几……的数；小数的读法和写法；小数的单位。1978、1986年的文件对第一次学习的教学要求分别是"初步理解小数的意义"和"结合实际初步认识小数"。对第二次认识小数三个文件的要求都是"理解小数的意义"。

⑤ 1988、1992、2000年颁布的三个文件没有明确规定集中教学还是分段教学，提出"小数如果分段教学，可以把小数的初步认识安排在前面的适当年级"。教学要求是"理解小数的意义"。

⑥ 2001、2011年颁布的文件明确提出分两段学习，将小数的初步认识放在第一学段学习，要求分别是"能认、读、写小数"和"能结合具体情境初步认识小数，能读、写小数"。小数的再认识放在第二学段，要求分别是"进一步认识小数"和"结合具体情境，理解小数的意义"。

（2）课程标准（教学大纲）对"小数的初步认识"教学要求的变化

从上文可知，自从课程标准（教学大纲）对"小数的初步认识"提出明确的教学要求以来，主要有以下四种对要求的表达方式：

①初步理解小数的意义。（1963年和1978年教学大纲）

②结合实际初步认识小数。（1986年教学大纲）

③能认、读、写小数。（2001年课程标准）

④能结合具体情境初步认识小数，能读、写小数。（2011年课程标准）

查阅2011年课程标准中描述结果目标的行为动词发现，"认识"与"理解"同义，从而我们推断"初步理解"和"初步认识"同义，指：从具体实例中知道或举例说明小数的有关特征；根据小数的特征，从具体情境中辨认或者举例说明小数。可见，1963、1978、1986年这三个教学大纲"小数的初步认识"的学习要求是一致的，只是1986年教学大纲强调了"结合实际"。

"能"的要求比"初步理解""初步认识"要高。"能"是"掌握"的同类词，指在理解的基础上，把小数用于新的情境。但由于2001年课标只是要求"能认、读、写小数"，并没有提出"能理解小数意义"的要求，我们觉得实际上2001年课程标准的要求和前三个教学大纲相比是在降低的。

2011年课程标准对于"小数的初步认识"各个知识点所要达到的目标要求更细致化，其中"初步认识小数"与1963、1978、1986年教学大纲的要求一致，但在前面加上了"能结合具体情境"，说明2011年课程标准要求学生能在不同的具体情境中理解小数的意义，这样一来就比前三个教学大纲的要求提高了。对于小数的读、写明确要求"能"，即要掌握。

由此可见，课程标准（教学大纲）对"小数的初步认识"的教学要求是有变化的，总体上说是先降低后又提高。

2.2 国外课程标准（教学大纲）的教学要求

2.2.1 认识小数的系统安排

（1）其他国家是否要求学生认识小数

前文提到我国从20世纪以来颁布的20余个课程标准（教学大纲）中都有"小数的认识"这一学习内容，其他国家的现行课程标准是否也有"小

《 小数的初步认识教学研究

数的认识"这一教学内容?查阅了曹一鸣的《十三国数学课程标准评介(小学、初中卷)》发现,其所介绍的十三个国家的课程标准中都有关于"小数的认识"这一教学内容。本节选择了澳大利亚、加拿大、法国、日本、韩国、新加坡、南非、美国等八个国家的课程标准进行分析,后续所有论述均参考此书。

(2)小数的认识是否要求分段学习

分析八国的课程标准,对小数的认识分几段学习有不同的要求,详见表2-4。

表2-4 八国小数的认识集中或分段学习一览表

序号	国家	课标版本	是否分段
1	澳大利亚	2011年《澳大利亚全国统一数学课程标准》	两段学习
2	加拿大	2006年《加拿大西北部教育协定组织数学课程标准》	两段学习
3	法国	2008年《法国数学课程标准》	三段学习
4	日本	2011年《日本数学课程标准》	三段学习
5	韩国	2006年《韩国数学课程标准》	两段学习
6	新加坡	2007年《新加坡数学课程标准》	两段学习
7	南非	2002年《国家课程标准(修订版)》	三段学习
8	美国	2010年《美国统一核心州数学标准》	两段学习

从表2-4可以看出,八个国家的课程标准(教学大纲)都采用分段学习,其中法国、日本和南非分三段学习,另五个国家分两段学习。

(3)第一次认识小数与分数教学的前后关系

八国课程标准对小数和分数教学顺序的具体要求如下,详见表2-5。(各国所选取的课程标准(教学大纲)版本同表2-4)

表 2-5　八国第一次认识小数与分数教学的前后关系一览表

序号	国家	先后顺序	序号	国家	先后顺序
1	澳大利亚	先学分数	5	韩国	先学分数
2	加拿大	先学分数	6	新加坡	不详
3	法国	先学分数	7	南非	先学分数
4	日本	先学分数	8	美国	先学分数

新加坡将分数和小数安排在同一年级教学，从内容标准的具体描述中未能看出先后顺序。其他七个国家都是先学分数。

（4）第一次认识小数的教学年级安排

不同国家的课程标准对第一次认识小数的教学年级安排不尽相同，具体情况见表 2-6。（各国所选取的课程标准（教学大纲）版本同表 2-4）

表 2-6　八国第一次认识小数的教学年级安排一览表

序号	国家	教学年级
1	澳大利亚	四年级
2	加拿大	四年级
3	法国	四年级
4	日本	三年级
5	韩国	三年级
6	新加坡	二年级
7	南非	四年级
8	美国	四年级

从表 2-6 我们可以发现，日本、韩国、新加坡这三个国家第一次教学小数的年级较低，与中国相似。其他国家不管是否分段学习，教学年级都比较高。

2.2.2 国外课程标准(教学大纲)的具体要求

(1)澳大利亚课程标准的要求

《澳大利亚全国统一数学课程标准》是澳大利亚 2011 年 3 月 8 日公布的国家级课程政策文件,这是澳大利亚第一个全国统一的课程标准。这份标准指出了幼儿园以及一至十年级的学习内容和要求,将"小数的认识"分散于四、五、六三个年级,采用螺旋上升的方式来设计教学。

四年级要求认识到分数可以拓展到十分位和百分位,建立分数和小数之间的联系。主要明细是借助于除以 10 拓展位值体系,利用分数的知识建立分数和小数之间的等价。五年级要求认识到数系能够扩展到百分数。主要明细是利用位值和除法的知识,通过除以 10 将数系扩展到千分数甚至更小。认识到 $\frac{1}{1000}$ 与 0.001 相等。六年级的测量与几何部分指出将小数表达式应用到公制单位上。主要明细是认可测量的等价性,如 1.25 米与 125 厘米相等。

(2)加拿大课程标准的要求

加拿大现有四种数学课程标准。其中,2006 年 5 月公布的《加拿大西北部教育协定组织数学课程标准》指出了幼儿园和一至九年级的学习内容和要求。其中"小数的认识"分两段学习。从四年级开始,在学习了用具体的物体或图片的表示来理解小于等于 1 的分数后,强调用具体的事物、图片或符号描述和表示十分位和百分位的小数。建立百分位以内的小数和分数的联系。五年级同样使用具体的事物或图片理解分数后,强调使用具体的事物、图片或符号来描述十分位、百分位和千分位小数。建立千分位以内的小数和分数的联系。

(3)法国课程标准的要求

法国的小学教育共五年。法国在 2008 年对小学数学课程标准进行了修订,学前及小学课程标准共分为三个阶段,第一阶段的学习在幼儿园完成;第二阶段的学习是在预备课程及基础课程第一年;第三阶段是在剩下三年即基础课程第二年、中等课程第一年、中等课程第二年完成。其中对小数的要求集中在第三阶段。

中等课程第一年要求了解小数部分中每个位置上的数字所表示的值（直到小数点后两位，即 $\frac{1}{100}$）。能够在带有刻度的直线上确定它们的位置，比较、排序，用两个相邻的整数来界定它们。会进行小数与分数之间的相互换算。中等课程第二年，要求了解小数部分中每个位置上的数字所表示的值（直到 $\frac{1}{10000}$）；能够在带有刻度的直线上确定它们的位置，比较、排序；使用 10、100、1000……和 0.1、0.01、0.001……对一个小数进行分解，给出精确到个位、十分位、百分位的近似数。

在法国课程标准的初中部分也提到了关于小数的内容：要求中学第一年认识在整数和小数的写法中不同位置处数字的不同意义并会加以使用。将小数的各种名称结合起来：小数点写法，十进制小数。目的是好好理解数字在一个小数中根据所在数位所表示的值，不需要重复在小学时学过的内容。这里的好好理解指的是直观感觉而非深刻理解。

（4）日本课程标准的要求

日本小学为六年制。日本于 2008 年 3 月 28 日修正学校教育法施行规则，同时颁布了小学数学课程标准，并于 2011 年 4 月 1 日开始全面实行。

在日本小学算术内容结构与组织框架中，分年级描述了"小数的认识"的要求。第三学年主要学习运用小数表示尾数的大小，掌握表示小数的方法——十进制小数。通过第三学年的学习，学生会在数值线上表示小数 0.1 和分数十分之一，将它们联系起来处理问题。在学会分数和小数的同时理解其联系，培养学生学习过程中将前后知识结合，有关联地学习。第四学年主要是加深对小数含义和表示法的理解，了解和整数相同的表示法表示小数。第五学年通过记数的思考方法，加深对整数和小数的理解，并在计算的过程中有效地运用。

（5）韩国课程标准的要求

韩国小学为六年制。韩国教育人力资源部于 2006 年颁布了《韩国数学课程标准》。该标准提出首次学习小数是在三年级，要求通过分母为 10 的真分数理解小数（一位小数），能读写小数，能比较大小。指出教学及学习上的注意点：在实际生活中找出分数或小数的使用情况。通过实际情况让学生认识分数与小数的意义。第二次认识小数是在四年级，要求根据位值原理理解两位数的小数与三位数的小数。会读写小数，能比较小数的大小。教学及学习上的注意点是对小数的教学结合分数进行。

（6）新加坡课程标准的要求

新加坡的学生在学校接受十年教育，6 岁到 15 岁，主体学制为 6—4，6 年小学教育，4 年初中教育。其中小学教育一至四年级为基础学习阶段，五至六年级为定向阶段。新加坡现行的数学课程标准自 2007 年启用，对"小数的认识"的教学要求二、四年级都有。

二年级在测量中指出以小数的形式读写货币，以小数形式表示与以分数表示法之间的转化。可以看出，对于"小数的初步认识"只要求结合货币认识。四年级要求学习三位小数，具体内容有数的表示和位值（十分位、百分位和千分位）；确定小数中各个位数的值；使用数轴表示小数；小数的比较和排序；将小数转化为分数；将分母是 10 或 100 的因数的分数转化成小数；将小数四舍五入到最近的整数、十分位、百分位。

（7）南非课程标准的要求

2002 年，南非正式颁布《国家课程标准（修订版）》，这个课程标准指出学前至三年级称为基础阶段，四至六年级称为中级阶段，七至九年级称为高级阶段。"小数的认识"的要求集中在中级阶段和高级阶段的七年级。

四年级、五年级关于小数的评价标准是认识在测量背景下的小数形式，如 0.5、1.5、2.5 等，认识和使用上述所列数的等价形式。六年级评价标准是在小数中向前数和向后数，描述和介绍不同于我们的数字书写系统，识别每个数字所代表的位值，至少保留到小数点后两位的小数。七年级评价标准是分类和表示小数（小数点后至少三位）并描述和比较它们。

（8）美国课程标准的要求

2010 年，美国颁布了《美国统一核心州数学标准》，是由全美州长协会和首席州立学校官员理事会联合推出的，涵盖 K-12 各个年级。关于小数的要求集中在四年级和五年级，对四年级的要求是理解分数的十进制小数形式，比较十进制小数。将分母为 10 或 100 的分数写成小数形式。例如，将 $\frac{62}{100}$ 写成 0.62，描述一段 0.62 米的长度，在数轴上标出 0.62。对五年级的要求是理解位值制。读、写和比较千分位小数。用十进制数字、数字的名称和展开的形式读写千分位小数，例如：$347.392=3\times100+4\times10+7\times1+3\times\frac{1}{10}+9\times\frac{1}{100}+2\times\frac{1}{1000}$。

2.3　国内外课程标准（教学大纲）研究对教学的启示

2.3.1　对集中还是分段学习的启示

从表 2-1 了解到，百余年来我国课程标准（教学大纲）关于"小数的认识"的学习安排呈现"集中—分段—集中—分段—机动—分段"的反复过程。从表 2-4 了解到，八个国家都采取分段学习，这八个国家中又有分成三段和两段不等。

"小数的认识"到底采用集中学习还是分段学习？如果采用分段学习，分成几段？这两个问题需要进一步思考和探究。集中学习，能够让学生感受到知识的完整性，但考虑到一次性教学有难度，往往会拉高学习的年级。这样处理就使得学生在较低年级不能学习到关于小数的知识。分段教学，第一次学习小数时可以学习一些比较浅显的知识，随着年级的升高不断深入，循序渐进。从现今的课程标准来看，建议分成两段教学的居多，但到底如何安排，需要结合学生的认知发展水平进一步研究。

2.3.2　对学习基础的启示

对于先学习小数还是先学习分数，所分析的课程标准（教学大纲）中呈现了两个观点。从表 2-2 中发现，能够明确查出两者的先后顺序的我国课程标准（教学大纲）对小数和分数的编排顺序也呈现反复的过程，分别是"先小数—先分数—先小数—先分数"。表 2-5 呈现的八个国家的课程标准，除了不能明确查出的一个国家，其他七个国家倒是显得比较统一，都指出先学分数。

在未学习分数之前学习"小数的初步认识",主要是让学生借助生活经验理解常见的小数的意义。在学习了"分数的初步认识"后学习"小数的初步认识",除了强调借助生活经验理解常见的小数的意义外,还进一步强调借助十进分数理解小数,感受分数和小数之间的对应。一定要在学习分数的基础上学习小数吗?张奠宙先生认为"小数有自己的概念系统,不能也不必都依赖于对分数的理解"。他的这一观点支持了将"小数的初步认识"安排在"分数的初步认识"之前教学的课程标准(教学大纲)。但"小数的初步认识"到底安排在分数之前还是之后教学,还需要我们结合学生的知识基础进行探索。

2.3.3 对安排年级的启示

从表 2-3 和表 2-6 我们可以发现,不管是我国各阶段的文件还是国外的课程标准,对于第一次认识小数安排在几年级还是不确定的。我国各文件规定分两段学习的,第一次认识小数时有的安排在二年级,有的安排在三年级,有的则安排在四年级;2001 年课程标准和 2011 年课程标准要求安排在第一学段。规定集中学习的安排的年级较高,安排在五年级或六年级。国外课程标准规定分两段学习的,第一次认识小数的年级安排也很不一样,有二、三、四年级;分三段学习的,第一次学习一般安排在三、四年级。集中学习也安排在比较高的年级。总体来说,亚洲一些国家第一次学习小数的年级安排与我国相似,其他国家第一次学习小数的年级比国内的高。以上分析说明人们对于"小数的初步认识"这一内容到底放在哪一个年级进行教学比较合适是不确定的,需要我们通过实证找出适合学习的年级。

2.3.4 对认识到几位小数的启示

仔细阅读国内百余年的课程标准(教学大纲),发现所有的文件都没有规定第一次认识小数应该认识到几位止,这给教材的编者很大的自由。本书分析的八个国家的课程标准都给出了建议,澳大利亚、加拿大、法国、新加坡、美国的标准建议第一次认识到二位小数止;日本、韩国、新加坡、南非的标准建议第一次只需认识一位小数。我们发现,亚洲一些国家对于第一次认识小数的要求是比较低的，当然这与它们将第一次认识小数安排在较低的年级有关。第一次认识小数到底认识到几位小数止呢？这需要我们先确定小数初步认识的教学年级，然后根据该年级学生的认知水平来确定。

2.3.5 教学需注意的地方

我国百余年来的课程标准（教学大纲）对"小数的初步认识"提出的明确的教学要求是极其简单的。我们不妨再来回顾一下：①初步理解小数的意义。（1963年和1978年教学大纲）②结合实际初步认识小数。（1986年教学大纲）③能认、读、写小数。（2001年课程标准）④能结合具体情境初步认识小数,能读、写小数。（2011年课程标准）细品这些简单的要求，其中"结合实际""结合具体情境"在教学中需要不折不扣地落实，因为丰富的现实原型是学生理解数学和发展数学观念的宝贵材料。

八个国家的课程标准对"小数的初步认识"的要求不尽相同，但也有共性，这些共性是我们在教学时需要注意的。在学习途径上，各国课程标准都强调要与分数和整数进行沟通：与十进分数联系，借助分数理解小数的意义；与整数的十进位值制联系，小数与整数共享一个位值制，是计数单位向相反方向的延伸。在学习素材上，很多国家的课程标准都强调借助货币、长度单位等具有十进关系的量凸显小数各计数单位之间的十进关系，还提出借助"数线"这一直观图帮助学生理解小数的意义。

3 教材研究

教材提供了学生学习的具体内容和基本结构，是教学的直接和主要依据。对教材进行分析与比较，是开拓教学设计的视野、全面理解教学内容的重要途径。本章对"小数的初步认识"这部分内容的教材从两个维度进行研究：一是从历史的角度，对同种教材不同时期的编写情况进行研究；二是对同一时期不同版本教材的编写情况进行研究。通过研究，试图寻求各套教材之间的共性与个性，发现一些规律性的经验和结论，为理解教材、开展有效的教学提供参考。

3.1 同种教材不同时期编写情况的研究
3.1.1 两种不同时期人教社教材的研究

本部分内容论及的教材分别是人民教育出版社在 2008、2014 年出版的两种小学数学教材。两种教材都是六年制小学教材，均由卢江、杨刚主编，前者为义务教育课程标准实验教科书《数学》，由课程教材研究所、小学数学课程教材研究开发中心编著；后者为义务教育教科书《数学》，由人民教育出版社、课程教材研究所、小学数学课程教材研究开发中心编著。两种教材分别是依据 2001 年国家颁布的《全日制义务教育数学课程标准（实验稿）》和 2011 年国家颁布的《义务教育数学课程标准（2011 年版）》编写的。在这两个标准的指引下，都把"小数的初步认识"安排在三年级下册进行教学。

3 教材研究

> **思考**
>
> 你是否想过,同一版本不同时期的教材在编写的过程中,目标定位、教材结构等或多或少会有所不同?你在备课的时候会查阅不同时期的教材吗?会思考不同时期教材的目标定位、教材结构到底存在着怎样的共同点和不同点吗?

两种教材的目标定位:

2008年的人教版教材对这部分内容的目标定位:结合人民币单位(元、角、分)、常用的长度单位(米、分米、厘米)和十分之几、百分之几的分数初步了解一位和两位小数的含义;会认、读、写小数部分不超过两位的小数;感受小数在生活中的广泛应用。

2014年的人教版教材对这部分内容的目标定位:结合常用的长度单位(米、分米)、人民币单位(元、角)、十分之几的分数和几何直观图(数线、数轴、面积模型)初步了解一位小数的含义;能认、读、写小数部分不超过两位的小数;感受小数与实际生活的密切联系。

两种教材在目标定位上的共同之处是都强调结合具体的"量"来认识小数,不把小数作为一个抽象的"数"来研究,不出现数位、计数单位等概念;能认、读、写小数部分不超过两位的小数。不同之处在于2014年的人教版教材只要求理解一位小数的含义,而且还在具体"量"的基础上加入了面积、数轴等直观模型来帮助学生理解小数。

两种教材的结构:

两种教材"小数的初步认识"都是在学生认识了万以内的数,会计算三位数的加减法,初步认识了分数,会计算简单的同分母分数加减法,并且在学习了常用计量单位的基础上进行教学的。

2008年的人教版教材新授1课时,练习1课时,具体结构为:①(第一课时开始)食品的单价引入,填写单价的具体含义,揭示"小数"和"小数点"。②引导学生尝试读小数、列举生活中的小数。③借助米、分米、厘米教学一位、两位小数的含义及其写法。④做一做:借助元、角、分理

031

《 小数的初步认识教学研究

解一位和两位小数。⑤一位小数和两位小数比大小。⑥做一做：借助面积模型比较一位、两位小数的大小。⑦（第二课时开始）练习课：与小数的初步认识相关的练习（6大题），与大小比较相关的练习（4大题）。⑧小数的历史（安排在练习课的最后）。

2014年的人教版教材也是新授1课时,练习1课时,具体结构为：①（第一课时开始）四条生活中的小数的信息引入，在此基础上揭示小数、小数点和读法。②引导学生列举生活中的小数。③借助米、分米教学一位小数的含义及其写法。④做一做,让学生运用元、角的知识理解一位小数的含义。⑤一位小数比大小。⑥做一做,借助面积模型比较一位小数的大小。⑦（第二课时开始）练习课：与小数的初步认识相关的练习（4大题），比大小的练习(3大题)。⑧"你知道吗？"安排在小数加减法学完后的练习课中。(小数比大小不属于"小数的初步认识"研究的内容，介绍结构时保留是为了完整呈现教材结构)

比较以上两种教材的结构，知识呈现的前后顺序基本一致，这或许反映了数学知识本身严密的逻辑性。仔细分析它们的结构，可以发现以下共同点和不同点。

共同点：都是从生活中的小数引入，进而出示小数的描述性定义，然后借助人民币单位（元、角、分）和长度单位（米、分米）等具体的量初步感知小数与十进分数间的关系。不同点：2008年的人教版教材先借助商品的单价揭示小数的描述性定义、小数点，再引导学生列举生活中的小数、教学读法；而2014年的人教版教材则先提供了生活中各种丰富的小数的信息，借此揭示描述性定义、小数点和读法，然后继续让学生自己举例。

> **思考**
>
> 教材如何引入"小数的初步认识"，体现了编者对数学知识产生的观念。2008年的人教版教材和2014年的人教版教材分别是怎么引入的呢？阅读两个版本的教材，并思考：它们有什么相同点和不同点？

2008年的人教版教材以食品商店的一角，货架上的三种食品及其单价

引入，让学生在留空的表格里填写每种单价的含义。（如图 3-1）

图 3-1　2008 年的人教版教材的引入

在此基础上，用描述的方式揭示小数的定义和小数点：像 5.98、0.85、2.60 这样的数叫做小数，"."叫做小数点。

接着由小精灵提出两个问题："你会读小数吗？你还在哪里见过小数？"引导学生列举生活中的小数并尝试读出。教材中以三个小朋友对话的形式呈现了三条信息：数学书的价钱是 5.05 元，自动铅笔芯的规格是 0.5 毫米，1 瓶饮料有 1.25 升。

2014 年教材以生活中常见的小数引入，包括质量、价格、体温、身高。（如图 3-2）

图 3-2　2014 年的人教版教材的引入

在此基础上出示"小数"的描述性定义：像 3.45、0.85、2.60、36.6、1.2 和 1.5 这样的数叫做小数，借助 3.45 介绍小数点和读法，接着由聪聪提出一个问题引导学生列举生活中的小数。

比较以上两种教材的引入过程，两种教材均从生活中的小数引入，在此基础上揭示小数的描述性定义、小数点和读法，并且都让学生经历自己列举生活中小数的过程。

两种教材又都存在着各自的特点：

①情境中所列举的生活中的素材不同。2008 年的人教版教材创设的是食品商店的一角，所使用的素材仅仅是表示价格的小数，让学生通过填空的形式理解每种单价的具体含义。2014 年的人教版教材情境中除了有表示价格的小数，还有表示质量、体温和长度的小数。相比而言，2014 年的人教版教材提供的素材更丰富。

②揭示描述性定义时所列举的小数的种类不同。2008 年的人教版教材在理解食品的单价后，只借助 5.98、0.85、2.60 这三个整数部分相对比较小的两位小数揭示定义，而 2014 年的人教版教材列举的小数有 3.45、0.85、2.60、36.6、1.5、1.2，既有两位小数又有一位小数，还有一个整数部分较大的小数。相比而言，2014 年的人教版教材考虑的维度更多。

③小数读法的教学形式不同。2008 年的人教版教材通过提问"你会读小数吗？"的形式引导学生自己读出列举的生活中的小数，强调让学生自己先试读，教材没有给出读法；而 2014 年的人教版教材则以"3.45"这个小数为例给出正确读法，有利于学生自学。

④列举生活中的小数环节，教材处理形式不同。2008 年的人教版教材用问题引导学生举生活中的例子后，以对话的形式列举了生活中的三个例子，拓宽了学生对生活中的小数的认识，引导学生进一步感受小数与实际生活的密切联系。2014 年的人教版教材由于前面的情境中已经列举了生活中的除了价格之外的其他小数，在学生自己列举环节没有继续给出例子，而是强调学生自己到生活中寻找。

3 教材研究

> **思考**
>
> 展开部分是每一节课教材的核心,从中我们可以看出编者对于素材的思考、知识的理解以及学习方式的选择等。2008年的人教版教材和2014年的人教版教材分别是怎么展开的呢?我们可以从哪些角度对它们进行对比?

2008年的人教版教材以一组同学测量身高为题材,通过测量得出王东的身高是1米30厘米。并通过一个同学提问的方式引导学生思考"只用米作单位怎样表示?",接着借助米制系统(米、分米、厘米)教学一位纯小数、两位纯小数和带小数的含义及其写法。(如图3-3)

(1) 把1米平均分成10份,每份是1分米。

1分米是 $\frac{1}{10}$ 米,还可以写成0.1米。

3分米是 $\frac{3}{10}$ 米,还可以写成0.3米。

(2) 把1米平均分成100份,每份是1厘米。

1厘米是 $\frac{1}{100}$ 米,还可以写成0.01米。

3厘米是 ( ) 米,还可以写成( )米。

18厘米是 ( ) 米,还可以写成( )米。

(3) 王东身高1米30厘米,写成小数是( )米。

图3-3 2008年的人教版教材的展开部分

随后安排了"做一做"环节,告知1元是10角,1元是100分,让学生分别把7角、7分改写成以元为单位的分数和小数,引导学生结合货币单位系统理解一位、两位纯小数的意义。

2014年的人教版教材以两位同学量身高为题材,通过测量得出王东的身高是1米3分米。同样通过一个同学提出问题的形式引导学生思考"只用米作单位怎样表示?"。接着借助米、分米理解一位纯小数和带小数的含义及其写法。(如图3-4)

把1米平均分成10份,每份是1分米。

1分米是$\frac{1}{10}$米,还可以写成0.1米;
3分米是$\frac{3}{10}$米,还可以写成0.3米;
1米3分米写成小数是( )米。

1分米是1米的$\frac{1}{10}$

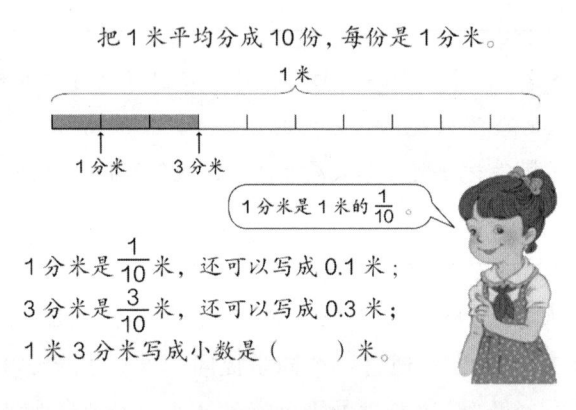

图3-4 2014年的人教版教材的展开部分

同样安排了"做一做"环节,由于2014年的人教版教材只要求学生理解一位小数的意义,本环节只借助人民币单位元与角理解一位小数的意义。教材呈现1元=10角的硬币图,让学生进行填空:1角是1元的十分之一,是$\frac{1}{10}$元,还可以写成0.1元;5角是$\frac{5}{10}$元,还可以写成( )元;8元5角写成小数是( )元。

比较以上两种教材的展开过程,在结构上保持着很大的一致性,都是从测量身高的过程中提出问题—借助米制系统理解意义—借助货币系统理解意义。但其中又有着不同的地方,主要体现在以下几个方面。

①问题情境的简约程度不同。2008年的人教版教材是一组同学量身高,2014年的人教版教材是两位同学量身高,所达成的目标相同。相比之下,2014年的人教版教材的情境更简约,降低了无关因素对学生学习的影响。

②意义理解的教学要求不同。2008年的人教版教材要求学生结合米制系统中的米、分米、厘米和货币单位系统中的元、角、分来分别理解一位小数和两位小数的意义,而2014年的人教版教材只要求借助米、分米和元、角理解一位小数的意义。从中可以看出,2014年的人教版教材要求在降低。

③素材利用的直观程度不同。2008年的人教版教材没有结合直观图帮助学生理解小数的意义,2014年的人教版教材引进了1米等于10分米的

类似米尺图的线段和 1 元等于 10 角的直观图，为学生建构概念提供了直观的支撑，从中可以看出 2014 年的人教版教材对 2011 年课程标准中"几何直观"核心词的体现。

④分数到小数的过渡不同。两种教材都是借助十进分数引进小数，初步认识分数时教材只认识了表示"率"的分数，而这节课用到的却是表示"量"的分数。2008 年的人教版教材直接出示了表示"率"的分数，2014 年的人教版教材则考虑到了表示"率"的分数和表示"量"的分数之间的过渡，在出示"1 分米是 $\frac{1}{10}$ 米"之前，加进了"1 分米是 1 米的 $\frac{1}{10}$"的铺垫，降低了学生借助分数理解小数意义的难度。

思考

为了对知识技能、思想方法等进行巩固，各种教材都会安排课后习题。2008 年的人教版教材和 2014 年的人教版教材分别安排了哪些习题？你能根据下文中提到的顾泠沅先生提出的数学认知水平分析框架对两种教材的习题进行认知水平比较吗？

两种教材都没有在理解了意义后配备相关练习，而是在例 2 "小数的比大小"教学后，单独编排了一节练习课。另外，单元练习和总复习中也出现了相关的练习。下面所讨论的练习涵盖两种教材第六册中出现的所有与"小数的初步认识"有关的习题。

我们可以把两种教材的习题分成两类：第一类是两种教材都出现的习题类型；第二类是每种教材独有的习题类型。还可以将两种教材的习题进行认知水平分析和比较。

两种教材共有的习题类型：

①给出含有小数的信息，让学生读出里面的小数。

②给出米尺图和人民币图，让学生填出合适的分数或小数。

③给出数轴图，让学生写出箭头所指的小数。

从以上共有的习题中可以看出，两种教材都注重对小数读法的巩固；

注重借助米尺和人民币，巩固对小数含义的认识；注重借助数轴这一几何直观图进一步加深学生对小数含义的理解。

两种教材独有的习题类型：

2008年的人教版教材独有的习题：①给出几条生活中的小数信息，让学生写出信息中用文字记录的小数。②需要通过调查或测量获取信息的题目。该教材出现了三道这种类型的题目：第一道是给出几种商品，让学生到商店了解其单价，并用以元为单位的小数记录；第二道是让学生动手量出课本、练习本和铅笔盒的长和宽，并用米作单位的小数表示；第三道是测量自己和同学的身高，并用米作单位的小数表示。

2008年的人教版教材独有的两种习题注重让学生结合购物和测量进一步理解表示量的小数。

2014年的人教版教材独有的习题只有一道：给出面积模型的正方形十格图，让学生用分数和小数表示涂色部分（如图3-5）。借助面积模型表征促进学生对一位小数的理解。

2. 把下面各图中涂色的部分用分数和小数表示出来。

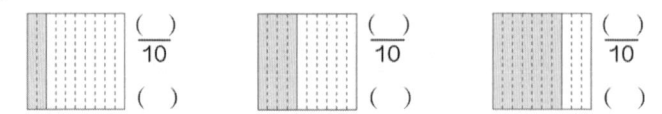

$\frac{(\quad)}{10}$　　$\frac{(\quad)}{10}$　　$\frac{(\quad)}{10}$

(　　)　　(　　)　　(　　)

图3-5　根据涂色部分写数

从不同类型习题的比较中可以看出两种教材不同的教学要求和教学观念。2008年的人教版教材的独有练习要多得多，从中可看出编者强调与生活的联系。2014年的人教版教材则在《义务教育数学课程标准(2011年版)》的引领下，练习中更注重几何直观这一理念的体现。

两种教材习题水平的比较：

上文对两种教材的习题进行了共有和独有的分类研究，下面我们以顾泠沅先生提出的数学认知水平分析框架为依据对习题进行认知水平比较。该框架分为四个层次，下面结合"小数的初步认识"的习题，将认知水平分析框架具体化。

水平 1：计算——操作性记忆水平。即按照课本要求的程序或方法进行基本计算或对问题中的元素进行常规操作。这里指直接仿照例题的练习，如小数的读写、根据米尺图和人民币图写小数等。

水平 2：概念——概念性记忆水平。考查学生对课本概念、规则、表达形式记忆的题目。这个水平层次指学生对小数的事实性知识的记忆，如用小数表示数轴中箭头所指处和面积模型中的阴影部分等。

水平 3：领会——说明性理解水平。即能理解概念、原理、法则和数学结构的内涵，从而能根据课本例题解决常规的问题；涉及转化问题的不同形式，并比较、分析常规问题的不同变式；合理选择数学方法，灵活运用所学知识；能够根据已呈现的关系读懂推理思路。这个水平层次指学生能较好地理解小数的内涵，能灵活运用小数的意义进行思考，如图 3-5 所示的习题。

水平 4：分析——探究性理解水平。即能分析、创造性地解决没有接触过的非常规问题，把分析过程综合起来，通盘考虑，对于问题的解决过程或方案可以做出价值判断。这里我们把与例题差别较大，学生没有接触过的问题归为非常规问题，2008 年和 2014 年的人教版教材中没有此水平的习题。

根据以上数学认知水平分析框架，我们对两种教材"小数的初步认识"的习题进行了分类统计。当题目中有多次提问或含有多个小题的，我们按照问题的数量和小题的数量进行统计，具体见表 3-1。

表 3-1　两种人教版教材"小数的初步认识"习题水平比较　（单位：个）

教材	水平 1	水平 2	水平 3	水平 4	合计
2008 年教材	26	5	1	0	32
2014 年教材	11	17	0	0	28

从上表可以看出，在习题总量上，2008 年的人教版教材稍多一些。从认知水平看，2008 年的人教版教材水平 1（操作性记忆水平）的题目所占

比例最大，达到了81.3%；2014年的人教版教材水平2（概念性记忆水平）的题目所占比例最大，占了60.7%。水平1和水平2习题合计，2008年的人教版教材占了96.9%，2014年的人教版教材占了100%，说明两种教材习题的水平处于记忆水平。水平3和水平4属于较高认知水平，2008年的人教版教材有一道习题属于水平3，属于水平4的题目没有；2014年的人教版教材水平3和水平4的题目都没有。

> **思考**
>
> 人教版教材通常会利用"你知道吗"栏目向学生介绍相关内容的历史，2008年的人教版教材和2014年的人教版教材对于"小数"这块内容的历史介绍，有着怎样的相同点和不同点呢？

2008年的人教版教材和2014年的人教版教材都通过"你知道吗"栏目向学生介绍了小数的历史，介绍的内容基本相同，但时机不同。

2014年的人教版教材将拓展材料安排在单元练习中，具体内容是：我国古代用小棒表示数。为了表示小数，就把小数点后面的数放低一格。例如，把3.12摆成如图3-6所示。这是世界上最早的小数表示方法。在西方，小数出现很晚。最早使用小圆点作为小数点的是德国数学家克拉维斯。

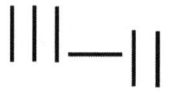

图3-6 小数3.12的小棒表示

2008年的人教版教材将拓展材料安排在练习课中，具体内容比2014年教材多了一句关于小数点的说明：现在，有一部分国家用小圆点"."表示小数点，还有一部分国家用逗号","表示小数点。

3.1.2 两种不同时期北师大版教材的研究

本部分内容论及的教材分别是2005年出版的义务教育课程标准实验

教科书《数学》和 2014 年出版的义务教育教科书《数学》。前者由义务教育课程标准研制组主编，后者由刘坚、孔启平、张丹主编，两种教材都由北京师范大学出版社出版，都是六年制小学教材。两种教材分别是依据 2001 年国家颁布的《全日制义务教育数学课程标准（实验稿）》和 2011 年国家颁布的《义务教育数学课程标准（2011 年版）》编写的。在这两个标准的指引下，2005 年的北师大版教材将"小数的初步认识"安排在三年级下册第一单元，单元标题为"元、角、分与小数"，课时标题为"买文具"；2014 年的北师大版教材将"小数的初步认识"安排在三年级上册第八单元，单元标题为"认识小数"，分为两个课时进行教学，分别是单元第一课时和最后一课时，第一课时的标题为"文具店"，最后一课时的标题为"能通过吗"。

> **思考**
>
> 前文我们已经对比了人教版两种不同时期教材的目标定位和教材结构，2005 年的北师大版教材和 2014 年的北师大版教材的目标定位和教材结构又有什么相同点和不同点？你可以试着比一比。

两种教材的目标定位：

2005 年的北师大版教材的目标定位：结合购物的具体情境，能说出用小数表示的商品单价是几元几角几分，会把几元几角几分用小数表示；体会小数的特征；能认、读、写小数部分不超过两位的小数。

2014 年的北师大版教材的目标定位：结合"文具店"和"能通过吗"的具体情境，借助元、角、分和常用的长度单位初步理解小数的意义，能把几元几角几分的人民币币值用以元为单位的小数表示，也能把以元为单位的小数改写成几元几角几分的形式；知道"几点几米"的长度是几米几分米几厘米，知道 1 角 =0.1 元，1 分米 =0.1 米。学会认、读、写小数部分不超过两位的小数。感受小数在日常生活中的广泛应用，体会数学与日常生活的密切联系。

对比两种教材的目标定位，相同之处是两种教材都强调不脱离现实背

《 小数的初步认识教学研究

景和具体的量抽象地讨论小数，小数的认、读、写限于小数部分不超过两位的小数。不同之处在于2014年的北师大版教材在2005年的北师大版教材的基础上，加入了借助常用的长度单位理解小数的意义；初步渗透了一位小数的计数单位；选取了生活中的丰富的小数进一步感受了小数与生活的密切联系。

北师大版教材与别的版本的教材最大的不同是只借助具体的量来理解小数，没有借助分数。理由是小数在现实生活中应用更加广泛，学生在日常生活中或多或少都接触过。因此，该版本的教材先安排小数的学习，再安排分数的学习。

两种教材的结构：

两种教材"小数的初步认识"都是在学生已经学习了万以内数的认识与加减法、常用的计量单位"元、角、分"和"米、分米、厘米"的基础上进行教学的。

2005年的北师大版教材的具体结构为：①出示5种文具的价格，让学生说一说其表示的具体含义，并填一填。②揭示描述性定义、小数点和读法。③试一试，出示人民币，让学生填几元几角几分，并写出以元为单位的小数。④练一练：安排了三道练习。⑤通过"你知道吗"介绍小数的历史。

2014年的北师大版教材采用问题串的形式编排：①（第一课时开始）填一填，说一说：出示4种文具的价格，让学生填一填每种单价表示的具体含义，并和同学说一说。②认一认，读一读：揭示描述性定义、小数点和读法。③想一想，填一填：出示三组人民币让学生填几元几角几分，并写出以元为单位的小数。④练一练：安排了三道练习。⑤通过"你知道吗"介绍小数的历史。⑥（第二课时开始）想一想，说一说：创设"能通过吗"情境，让学生想一想，说一说3.25米、3.50米有多高。⑦看一看，读一读生活中的小数。⑧摆一摆，说一说，认识一位小数的计数单位。⑨练一练：安排了四道练习。

比较以上两种教材第一课时的结构，知识呈现的顺序保持很大的一致性，细致对比，存在着微小差别：2005年的北师大版教材出示商品的单价后是先交流再填一填，而2014年的北师大版教材是先填写再交流。从中

3 教材研究

可以看出2014年的北师大版教材更关注学生的独立思考。

> **思考**
>
> 2005年的北师大版教材和2014年的北师大版教材的引入部分分别是如何编写的？你更喜欢哪一个引入？为什么？

2005年的北师大版教材创设了"买文具"的情境。（如图3-7）

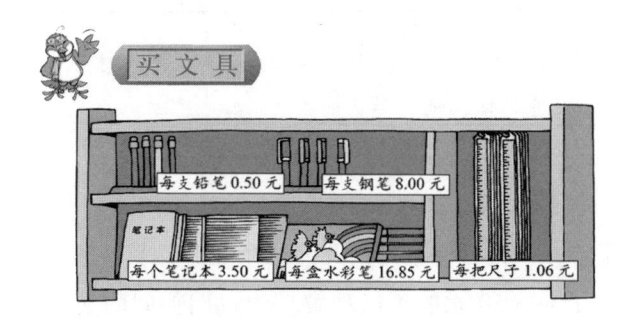

图3-7 2005年的北师大版教材的引入

2014年的北师大版教材创设了"文具店"的情境。（如图3-8）

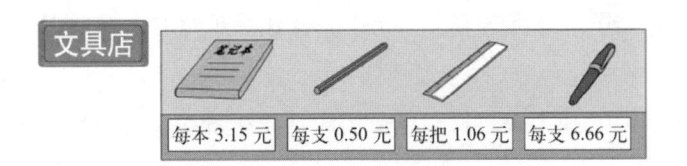

图3-8 2014年的北师大版教材第一课时的引入

以上两种引入方式的共同点是：注重联系学生的生活实际。两种教材都创设了学生熟悉的"文具"的情境，引导学生借助元、角、分初步认识小数。这样的引入过程能使学生认识到小数在生活中很常见。

不同点是：① 2014年的北师大版教材情境有所简化。同样是文具店的情境，2014年的北师大版教材情境表述上只保留了与教学有关的信息。② 2014年的北师大版教材数据更有代表性。2014年的北师大版教材的数

> 小数的初步认识教学研究

据由 2005 年的北师大版教材的 5 个变为 4 个，保留了铅笔每支 0.50 元、尺子每把 1.06 元，将笔记本每本 3.50 元变为 3.15 元，钢笔每支 8.00 元变为 6.66 元，去掉了水彩笔每盒 16.85 元。变化后的数据，个位、十分位、百分位分别是 0 的数据利于突破难点；三个数位上的数字一样的小数意在引导学生结合元、角、分的实际背景，初步感受同一个数字在不同数位上表示的实际意义不同。去掉 16.85 元，降低了学生读小数的难度。

思考

2005 年的北师大版教材和 2014 年的北师大版教材的展开部分分别是如何编写的？它们之间的差异大吗？

2005 年的北师大版教材利用"买文具"的情境激活学生的生活经验后，引导学生交流每一种文具的单价是几元几角几分，教材通过淘气和笑笑对话的形式给出了对 3.50 元的正确理解。通过同伴间的交流，让每个学生感受和理解文具标价牌上小数所表示的意义，然后要求学生动笔填写各种文具的价格。在学生理解了标价牌上的小数的具体含义后，教材揭示了小数的描述性定义、小数点和读法。"试一试"环节则是以人民币的形式出示 5 元 4 角 1 分、12 元 5 角、2 元 4 分，让学生将其改写成以元为单位的小数。

2014 年的北师大版教材利用情境激活学生的生活经验后，先让学生填写每种商品标注的单价表示几元几角几分，接着交流填写的结果。教材中以对话的形式给出了对 3.15 元的理解，笑笑将 3.15 元理解成 3 元 15 角，淘气纠正了笑笑的错误。在理解以元为单位的小数后揭示小数的描述性定义、小数点和读法。"想一想，填一填"环节以人民币的形式出示 2 元 2 角 2 分、2 元 4 分、8 角 1 分，让学生先写出几元几角几分，再转化成以元为单位的小数。2.04 元，十分位上是 0；0.81 元，不够一元，个位上是 0，这两个知识点是本节课的难点，教材通过淘气和笑笑的对话，提醒学生和教师注意，以此来突破难点。

以上两种教材的展开过程有着共同的地方，都让学生经历了将以元为单位的小数转化成几元几角几分—揭示描述性定义、读法、写法—将几元几角几分转化成小数的过程。但细小的差别还是存在的，主要体现在以下几个方面。

①理解意义时交流的时机不同。2005年的北师大版教材建议先交流后填写，而2014年的北师大版教材建议先填写后交流，两种形式体现了编者不同的意图，后者与前者相比，更强调学生的独立思考。

②理解意义时呈现的填空题排版不同。2005年的北师大版教材填写五种文具的价格时没有先让学生写以元为单位的小数，所填写的五个价钱，在排版上没有对齐，没有让学生填写0元、0角、0分。2014年的北师大版教材则先让学生抄下以元为单位的小数，四个价钱排列整齐。像2014年的北师大版教材这样排列，有利于学生在填写的过程中发现规律，即可以发现以元为单位的小数，小数点前面表示什么？小数点后面第一位表示什么？小数点后面第二位表示什么？

③对话呈现的次数和内容不同。2005年的北师大版教材出现了一次对话，出示的是一个正确的例子，而2014年的北师大版教材出现了两次对话，分别在"填一填，说一说"和"想一想，填一填"环节，出现的是学生容易犯的错误。对比中可以看出，2014年的北师大版教材在编排时有意凸显了学生学习的难点，鼓励学生在独立尝试基础上与同伴交流。

④编排将几元几角几分转化成以元为单位的小数时的开放程度和选择的数据不同。2005年的北师大版教材在编排时给出了一个例子，起了示范的作用；2014年的北师大版教材没有给出示范，更开放一些。2005年的北师大版教材选取的三个数据是5.41元、12.50元、2.04元；2014年的北师大版教材选取的三个数据是2.22元、2.04元、0.81元。相比较而言，2014年的北师大版教材的三个小数更具代表性，有三个数位上数字相同的小数、十分位上是0的小数、整数部分是0的小数，直指不同的难点。

总体来说，两种教材展开部分的编写，2014年的北师大版教材选取的数据更典型，更关注学生在学习过程中自主性的发挥和学困点的分析。

> 小数的初步认识教学研究

> **思考**
> 2014年的北师大版教材"小数的初步认识"安排了两个课时,你觉得在第一课时学习的基础上,第二课时的教材会怎么编排?

2005年的北师大版教材"小数的初步认识"只有一个课时,不能与2014年的北师大版教材的第二课时进行对比,所以2014年的北师大版教材第二课时的引入和展开部分采用介绍的方式呈现。

日常生活中的"米、分米、厘米"也是小数的一种常见的、直观的、应用广泛的现实模型。为丰富学生对小数的认识,2014年的北师大版教材特地增加了第二课时,该课时主要借助米、分米、厘米之间的关系,继续认识小数。

教材选择"能通过吗"这一学生熟悉的情境引入,其中栏杆和汽车的高度是用小数表示的,通过第一个问题"3.25米有多高? 3.50米呢?"引导学生想一想,说一说这两个小数的实际意义。教材直接呈现了笑笑和淘气的对话:笑笑结合小数与元、角、分之间的关系,类推出汽车的实际高度;淘气直接说出了栏杆的高度。通过此环节的学习,学生初步建立米、分米、厘米与小数之间的联系。(如图3-9)

图3-9 2014年的北师大版教材第二课时的引入

为了丰富学生对小数的认识,教材还选取了学生在生活中经常接触到的一些小数,如肉馅的价格、短跑成绩、身高、体温等,进一步感受小数与生活的密切联系。

第三个问题是借助元与角之间和米与分米之间的十进关系,通过摆一摆,说一说初步渗透一位小数的计数单位。(如图3-10)

● 摆一摆,说一说。

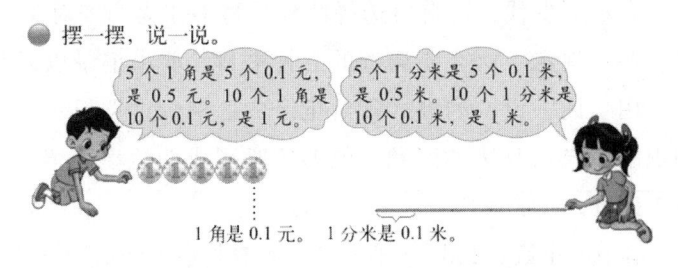

5个1角是5个0.1元,是0.5元。10个1角是10个0.1元,是1元。

5个1分米是5个0.1米,是0.5米。10个1分米是10个0.1米,是1米。

1角是0.1元。　1分米是0.1米。

图3-10　一位小数计数单位的渗透

本环节的关键问题是把1角改写成以元为单位的小数,即1角=(　　)元;把1分米改写成以米为单位的小数,即1分米=(　　)米。这两个问题突破了,其他问题就容易破解了。例如,由1元=10角,1角=0.1元,就可以推知10个0.1元等于1元,等等。

思考

2005年北师大版的教材和2014年的北师大版教材的习题部分会有哪些异同呢?如果还是运用顾泠沅先生提出的数学认知水平分析框架进行比较,会得到怎样的结果?分析结果对你的教学有什么启示?

2005年的北师大版教材在新授后配备了三道练习,在单元的最后一课时"森林旅游"中安排了一个实践活动,其他地方未出现相关练习。2014年教材在第一课时配备了三道练习,第二课时配备了四道练习,除此之外,在单元练习、总复习中还出现了与本课配套的练习。下面所讨论的练习涵盖两种教材中出现的所有与"小数的初步认识"有关的练习。

我们同样把两种教材的习题分成共有的和独有的两类,并将两种教材的习题进行认知水平分析和比较。

两种教材中共有的习题类型：

①用以元为单位的小数表示所提供的人民币的币值。这个练习目的是进一步理解元、角、分与小数的联系和小数所表示的实际意义。

②调查教科书的价格。两种教材都安排了调查教科书的价格的习题，在处理上略有不同。2005年的北师大版教材要求先记录以元为单位的价格，再写出表示多少钱，可自由选择两种教科书作为调查对象。2014年的北师大版教材规定了所有要调查的五种书目，要求记录以元为单位的价格，然后用"说一说"的方式理解记录的价格。这类习题让学生运用学过的知识解决自己身边的问题，能够体验到成功的幸福感，从而感受到小数就在身边，数学就在身边。

③找生活中的小数。2005年的北师大版教材在单元最后一课时的"森林旅游"中安排了一个实践活动，让学生找生活中的小数。2014年的北师大版教材也安排了同类型的习题。让学生在阅读和寻找资料的过程中，感受小数在日常生活中的重要作用，多角度理解小数的意义。

两种教材中独有的习题类型：

2005年的北师大版教材只有一道独有的习题，让学生剪下附页中的人民币，两人一组做对口令的游戏，一人拿人民币并说出几元几角几分，另一人说出与之对应的以元为单位的小数。这个游戏能够加深学生对小数意义的理解，培养学生对小数的数感。

2014年的北师大版教材独有的习题有三道：①将以元、米为单位的小数改写成几元几角几分、几米几分米几厘米。②综合运用所学的有关元、角、分与小数的知识，在判断错误、改正错误的过程中，加深对小数意义的理解。（如图3-11）③让学生再次感受元、角、分与小数和米、分米、厘米与小数之间的关系，加深对小数意义的理解，初步渗透一位小数的计数单位。第四题为选做题。（如图3-12）

3. 森林医生。

7.15 元是 7 元 15 角。

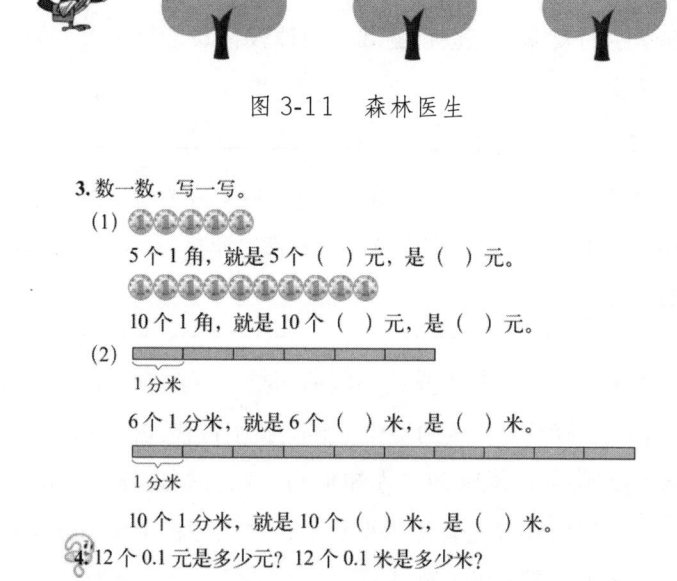

3 元 2 分就是 3.20 元。

4 角 5 分就是 4.5 元。

图 3-11　森林医生

3. 数一数，写一写。
(1) 5 个 1 角，就是 5 个（　）元，是（　）元。
10 个 1 角，就是 10 个（　）元，是（　）元。
(2) 1 分米
6 个 1 分米，就是 6 个（　）米，是（　）米。
1 分米
10 个 1 分米，就是 10 个（　）米，是（　）米。
4. 12 个 0.1 元是多少元？12 个 0.1 米是多少米？

图 3-12　关于一位小数计数单位的习题

不同练习的比较可以看出两种教材不同的教学要求。2005 年的北师大版教材的练习注重与学生生活实际的联系，注重游戏活动的设计；2014 年的北师大版教材除了注重与生活实际联系，还注重童话情境的创设和让学生经历分析错误和改正错误的过程，最突出的是注重对小数本质即计数单位的理解。

两种教材习题水平的比较：

沿用前文提到的统计方法和认知水平分析框架分析两种教材中的习题，结果如表 3-2。

表 3-2　两种北师大版教材"小数的初步认识"习题水平比较　（单位：个）

教材	水平 1	水平 2	水平 3	水平 4	合计
2005 年教材	8	2	0	0	10
2014 年教材	31	5	2	0	38

从上表可以看出，2014年的北师大版教材的习题总量要比2005年的北师大版教材的习题总量多得多。两种教材的大部分习题都集中在水平1，特别是2014年的北师大版教材，同类型、低水平重复题目太多，正式教学时需根据学生的实际情况进行删减。两种教材缺乏较高水平的习题，需要在教学时开发。

> **思考**
>
> 2005年的北师大版教材和2014年的北师大版教材对于"小数"这块内容的历史也是通过"你知道吗"栏目进行介绍的，这两版教材的介绍会有差异吗？

通过"你知道吗"向学生介绍小数的历史，可以对学生进行数学文化的渗透，让学生了解数学发展的历史，感受我国古代人民的聪明智慧。

2005年的北师大版教材的"你知道吗"内容是这样的：宋、元之际，我国古代数学家们已经普遍会使用小数了，并通过在个位下注明单位的方式表示小数，这比欧洲采用小数早了三百多年。

2014年的北师大版教材的"你知道吗"指出，"小数"的名称是我国元代数学家朱世杰最先提出的，并给出了世界上最早的小数表示方法，即图3-6所示的小棒表示法。

比较两种教材该栏目的内容，2014年的北师大版教材的编写比2005年的北师大版教材更具体一些，不仅介绍了小数的名称由谁提出，还用图的形式给出了世界上最早的小数表示方法。

3.2 同一时期不同版本教材编写情况的研究

3.2.1 2011年课程标准指导下各版本教材的编写情况

本部分内容论及了四种教材，它们分别是张天孝主编，浙江教育出版社2009年出版的九年义务教育小学实验教科书《数学》（以下简称"浙教版教材"）；孙丽谷、王林主编，江苏教育出版社2013年出版的义务教育教科书《数学》（以下简称"苏教版教材"）；展涛主编，青岛出版社2015

年出版的义务教育教科书《数学》(以下简称"青岛版教材");宋乃庆主编,西南师范大学出版社 2014 年出版的义务教育教科书《数学》(以下简称"西南师大版教材")。

四种教材都把"小数的认识"分成两个阶段进行教学,"小数的初步认识"这一部分内容的教学时间、单元和课时标题、课时安排见表 3-3。

表 3-3 四种教材"小数的初步认识"教学时间、单元和课时标题、课时安排一览表

教材版本	教学时间	单元标题	课时标题	新授课时安排
浙教版	三下第四单元	丰收的果园	认识小数（一）	1 课时
苏教版	三下第八单元	小数的初步认识	无	1 课时
青岛版	三下第七单元	家居中的学问 ——小数的初步认识	无	1 课时
西南师大版	三下第五单元	小数的初步认识	小数的初步认识	2 课时

从上表可以看出,四种教材都将"小数的初步认识"安排在三年级下册进行教学,这是符合《义务教育数学课程标准（2011 年版）》的要求的。

> **思考**
>
> 如果对这四个版本的教材结构进行梳理,你一定会有自己的想法,你可以尝试着做一个梳理比较哦!

浙教版教材的具体结构为:①购物情境引入,提出研究问题。②研究一位小数的意义。③研究两位小数的意义。④介绍小数的描述性定义、各部分名称和几位小数。⑤三道练习。⑥小数的历史介绍。

苏教版教材的具体结构为:①借助测量情境研究以米为单位的一位纯小数的意义、读写。②借助物品单价研究一位带小数的意义、读写。③介绍整数、自然数、小数的描述性定义和小数的各部分名称。④想一想,做一做五道练习。⑤小数的历史介绍。

青岛版教材的具体结构为:①家居情境中引入以米为单位的小数,提

出问题。②介绍小数的描述性定义、小数点、读法、写法。③研究以米为单位的一位小数的意义。④研究以米为单位的两位小数的意义。⑤自主练习九道。⑥小数的历史介绍。

西南师大版教材的具体结构为：①购物情境引入小数，给出整数、小数的名称、读法及各部分名称。②借助元、角、分之间的关系理解一位和两位小数。③借助面积模型的正方形十格图和百格图进一步理解一位和两位小数。④给出小数的描述性定义和数位顺序表。⑤课堂活动两个：我读你写和填数学书、语文书的定价及意义。⑥借助米、分米理解一位纯小数和一位带小数，介绍一位小数的描述性定义。⑦课堂活动一个：一位小数和整数连线。⑧练习九道。⑨小数的历史介绍。

> **思考**
>
> 　　学生的已有知识基础会影响后续内容的学习，这四个版本的教材分别是基于怎样的知识基础进行编写的呢？

　　四种教材"小数的初步认识"都是在学生认识了万以内的数，会计算三位数的加减法，初步认识了分数，会计算简单的同分母分数加减法，并且学习了人民币单位和常用长度单位等基础上进行教学的。

　　①计量单位的学习。四种教材在学习长度单位时都没有出现小数，在学习人民币单位时，浙教版三下第四单元"商店里的计算"单元主题图中出现了琳琅满目的商品及表示商品价格的小数，让学生根据商品的价格信息提出数学问题。认识了人民币之后，还编排了一节题为"几元几角"的课，理解以元为单位的小数，教学小数的读法。

　　②分数的学习。四种教材"小数的初步认识"的学习都通过分数的"部分与全体"关系来帮助形成概念。按照这样的编排体系，在"小数的初步认识"之前，分数的掌握情况会影响小数概念的理解。我们猜测，分数和小数的学习时间间隔太久，学生在学习小数时有可能会对分数的知识有所遗忘，从而影响对小数概念的理解。当然，这还需进一步测查验证。四种教材"分数的初步认识"和"小数的初步认识"的学习时间安排见表3-4。

表 3-4　四种教材"分数、小数的初步认识"教学时间安排一览表

教材版本	分数的初步认识	小数的初步认识
浙教版	三下第四单元	三下第四单元
苏教版	三上第七单元 三下第七单元	三下第八单元
青岛版	三上第九单元	三下第七单元
西南师大版	三上第八单元	三下第五单元

对教材进行比较，浙教版和苏教版教材"小数的初步认识"的学习紧随"分数的初步认识"之后。浙教版教材分数和小数的初步认识安排在同一单元，苏教版教材将"分数的初步认识"分成两次来教学，第二次教学就在"小数的初步认识"学习的前一单元。而青岛版和西南师大版教材分数和小数的初步认识的学习时间相隔一个学期之久，在间隔的这一个学期里，教材没有安排相关分数知识的练习。

四种教材都是先教学分数再教学小数，也就是说，当学生进行某个小数活动时，已有相关分数活动的经验。在分数学习为小数学习积累的诸多经验中，十进分数和表示量的分数的学习经验与小数有着直接的联系。四种教材是否安排这两个内容的学习？具体见表 3-5（"√"表示有，"○"表示无）。

表 3-5　四种教材"十进分数和表示量的分数"编写情况一览表

教材版本	十进分数	表示量的分数
浙教版	√	√
苏教版	√	√
青岛版	√	○
西南师大版	√	○

从表 3-5 可以看出，四种教材都编写了十进分数。浙教版教材十进分数出现在"小数的初步认识"前一课时练习课的一道分数计算题中：

《 小数的初步认识教学研究

$\frac{7}{10}$ - $\frac{3}{10}$ - $\frac{3}{10}$。学生已经能在理解这些十进分数的基础上进行计算。同在这一课时编排了表示量的分数,其中让学生用分数填写 1 角 =(　　)元、3 角 =(　　)元,与小数的学习已经离得很近了。

苏教版教材在"小数的初步认识"的前一单元,借助数线、厘米和分米之间的关系、元和角之间的关系理解了十分之几的分数。在此基础上借助长度单位和人民币单位学习了表示量的分数。

青岛版和西南师大版教材只对分母是十的十进分数略有涉及。

总体来说,四种教材中苏教版教材对十进分数和表示量的分数的编排的量是最大的,为引进一位小数搭建了稳固的生长点。其次是浙教版教材,而青岛版和西南师大版教材表示量的分数这一知识点需要补充。

> 思考
>
> 如果你来上"小数的初步认识"这节课,你会选取怎样的素材作为学生理解小数意义的抓手?这四种教材的素材分别是怎么选择和使用的?

① 素材选择。

《教与学的新方法·数学》一书中提及,认识小数要基于学生已有的生活经验,一般有两条基本途径:第一条途径是从记录花钱的数量发展而来的;第二条途径是使用米制系统的经验,即以米制系统作为学习小数的基础。四种教材的编排都体现了上述两条途径,从学生生活经验出发,借助具体的常见的"量"来认识小数。

英国沃瑞克大学的韬尔教授等人分析,数概念是一个典型的过程性概念,也就是说它既是过程,又是概念。数概念的这种两重性强调要让学生在具体操作的基础上,通过压缩和内化,逐步形成作为对象的概念,并纳入已有的认知结构。四种教材的编排同样也体现了这一理念,除了设计了人民币、米制系统等现实模型外,还设计了正方形面积模型、长方形直条、直尺或数线等半直观模型,让学生在直观和半直观模型的支撑下充分感知小数的概念。

但四种教材对直观和半直观模型的选择并不完全一致。各种教材分别选择了哪些模型？具体见表3-6（"√"表示有，"○"表示无）。

表3-6 四种教材素材选择情况一览表

教材版本	直观模型		半直观模型				
	人民币	米制系统	正方形	长方形	立方体	直尺	数线
浙教版	√	√	√	○	√	○	√
苏教版	√	√	√	√	○	√	√
青岛版	√	√	√	○	○	√	√
西南师大版	√	√	√	○	○	○	○

从上表可以看出，苏教版教材选用的素材最多，西南师大版选用的素材最少。所有教材都选择了人民币、米制系统这两种直观模型和正方形面积这一半直观模型，只有浙教版教材选用了立方体体积模型，只有苏教版教材选择了长方形直条模型。

②素材使用。

四种教材对于两种直观模型的使用情况是不同的，我们先以浙教版教材和苏教版教材为例作简单介绍。

浙教版教材以购物情境引入，直接呈现以元为单位的小数，在学生解读出0.7元=7角后，提出研究问题：7角为什么是0.7元？利用人民币模型展开对一位小数的研究后，借助米制系统对一位小数的意义进行巩固深化。可见，浙教版教材是先使用人民币模型再使用米制系统模型的，而且提出的问题是对以元为单位的小数的顺向解读，也就是直接呈现小数，让学生解读小数的意义。

苏教版教材以测量的情境引入，根据"桌面长5分米，宽4分米"这一信息，先用分数表示，再用小数表示长度，借助米制系统理解一位纯小数的意义。在此基础上借助人民币模型学习一位带小数：圆珠笔1元2角，笔记本3元5角，用元表示各是多少元？分析了苏教版教材，我们可以发

> 小数的初步认识教学研究

现该教材对于两种直观模型的运用顺序与浙教版教材刚好相反,提出的研究问题也刚好相反,是将几分米逆向转化成以米为单位的小数。

现对四种教材两种直观模型的使用情况进行梳理,具体见表3-7。

表3-7 四种教材素材使用情况一览表

教材版本	人民币	米制系统	顺向解读	逆向转化
浙教版	先	后	√	
苏教版	后	先		√
青岛版	后	先	√	
西南师大版	先	后		√

从上表可以看出,四种教材先用人民币模型和先用米制系统模型的各占一半,提出顺向解读问题和逆向解读问题的也各占一半。到底哪种编排是更适合学生的?根据所做的学生测查,我们发现从生活经验的角度看,新授展开环节利用人民币模型并且直接提供小数让学生解读更利于激发学生的已有经验。具体测查见学生研究章节。

思考

　　这四种教材的展开环节有什么异同?你能试着分别从"一位小数的探究""两位小数的探究""定义的揭示"三个方面分别做比较吗?

四种教材"小数的初步认识"的目标定位是有不同的。苏教版教材只要求探究一位小数,教材这样安排出于两个原因:一是数学教学应该由易到难、由简到繁地安排,本册仅初步认识小数,以后还有系统教学小数知识的安排;二是数学教学的安排应该符合学生实际,三年级学生只学习了简单的分数知识,只具备认识一位小数的条件。另外三种教材则要求探究到两位小数止,这三种教材的编者觉得联系人民币和米制系统模型,学生能够理解。在人教社两种不同时期教材的研究中我们知道,《义务教育数学课程标准(2011年版)》后的人教版教材也只要求理解一位小数,初步认识到底适合认识到几位小数止,还需根据学生的认知水平来定。下文我们分别比较一位小数的探

究和两位小数的探究。

①一位小数的探究。

一位小数的探究是本节课教材的主体部分。我们先来看四种教材分别是怎么引导学生探究的。

浙教版教材在提出"7角为什么是0.7元？"的问题后，先借助人民币直观图让学生理解1元=10角，1角=$\frac{1}{10}$元=0.1元。7角是7个0.1元，也就是0.7元。5角加2角是7角，也就是：0.5元+0.2元=0.7元。接着让学生说一说，0.7米、0.7平方米、0.7吨各表示什么意思？在此基础上抽象出：0.1×7=0.7，$\frac{7}{10}$=0.7。

苏教版教材一位小数的探究部分安排了两个例题。例1借助"桌面长5分米，宽4分米"的信息提出了"5分米是几分之几米？4分米呢？"这两个问题，在回顾前一单元学过的5分米=$\frac{(\quad)}{(\quad)}$米、4分米=$\frac{(\quad)}{(\quad)}$米的基础上揭示：$\frac{5}{10}$米还可以写成0.5米，$\frac{4}{10}$米还可以写成0.4米，以及两个小数的读法。接着让学生在平均分成10份的长为1米的长方形直条中涂出0.5米和0.4米。例2是给出圆珠笔的价格1元2角，笔记本的价格3元5角，先讨论两种物品的价格各是多少角，再讨论用元表示各是多少元。

青岛版教材提出的研究问题是"踢脚线的宽度为0.1米。0.1米有多长？0.4米、0.5米和0.7米呢？"借助米尺理解"把1米平均分成10份，每份是$\frac{1}{10}$米，也就是0.1米"。在此基础上理解0.4米、0.5米、0.7米。

西南师大版教材安排了三个例题理解一位小数，例2是借助元与角的关系，给出：1角是$\frac{1}{10}$元，用小数表示是0.1元，让学生填写5角是$\frac{5}{10}$元，用小数表示是（　　）元。例3是借助正方形面积模型，让学生根据涂色部

《 小数的初步认识教学研究

分填写分数和小数。例 4 是借助米和分米，给出：1 分米是 $\frac{1}{10}$ 米，用小数表示是 0.1 米，1 米 2 分米用小数表示，写作 1.2 米，让学生用以米为单位的小数表示 9 分米和 1 米 3 分米。

仔细分析四种教材一位小数的探究部分，发现它们有以下共同的特点：

第一，注重借助直观和半直观模型理解一位小数的意义。

表 3-6 统计了四种教材"小数的初步认识"中所用的所有直观和半直观模型，在一位小数的理解中，浙教版教材用到了人民币单位元和角以及直观图，还拓展到对以米、平方米、吨为单位的一位小数的理解；苏教版教材用到了米制系统、人民币和长方形直条；青岛版教材用到了米制系统和尺子；西南师大版教材用了人民币、米制系统和正方形面积模型。其中浙教版教材所用的模型最丰富。

第二，注重通过分数的"部分与全体"关系理解一位小数的意义。

小数概念的形成有两条基本途径，一是通过分数的"部分与全体"关系，二是利用整数的位值概念。四种教材在一位小数的探究时，无一例外，都用到了途径一，而且不管是解决顺向解读还是逆向转化的问题，教学时都遵循"（ ）角（分米）= $\frac{(\quad)}{10}$ 元（米）=0.（ ）元（米）"这样的顺序。

从上面的各种教材对一位小数的探究中，我们也发现每一种教材都有自己的个性。

浙教版教材与其他三种教材有两个很大的不同点。一是其他三种教材不管是对 0.1 的教学还是零点几的教学，都是通过与十分之几的分数的对应得到的，而浙教版教材除了强调与分数的对应外，还通过一位小数的计数单位和计数单位的个数得到。也就是说，浙教版教材对于一位小数概念的形成，不仅通过分数的"部分与全体"关系，还利用整数的位值概念。在能查阅到的现行版本的教材中，只有浙教版教材是两条途径同时使用的。二是浙教版教材对一位小数的教学最终所达到的抽象程度是最高的，"0.1×7=0.7，$\frac{7}{10}$=0.7"已经脱离了直观和半直观模型，到了抽象的"数"

的层面。

苏教版教材与另三种教材相比，有两个特点。一是另三种教材不管解决的问题是什么，都是从 0.1 开始研究，再过渡到零点几，而苏教版教材并没有研究 0.1。二是只有苏教版教材为一位带小数的学习单独设了一个例题，而且特别强调要引导学生明白 1 元 2 角是 1 元多，写成小数是一点几元，3 元 5 角是 3 元多，写成小数是三点几元，即强调让学生明确小数所处的区间。教师用书中还指出要引导学生思考，为什么例 1 写出的小数的小数点左边是 0？而例 2 写出的小数的小数点左边不是 0？在比较中加深理解纯小数和带小数的意义。

青岛版教材是唯一一种用语言描述出 $\frac{1}{10}$ 得出过程的教材，"把 1 米平均分成 10 份，每份是 $\frac{1}{10}$ 米，也就是 0.1 米。"我们觉得应加强这种语言的描述，在描述的过程中让学生感受到一位小数与十分之几的分数意义相同，小数的整体"1"与对应分数的整体"1"相同。

西南师大版教材通过三个例题理解一位小数，先是借助人民币单位元和角，其次是正方形面积模型图，最后是长度单位米和分米，从具体到半抽象又回到具体，而且每个例题都是先理解 0.1。

②两位小数的探究。

苏教版教材只要求理解一位小数，浙教版、青岛版、西南师大版教材两位小数的探究方式基本沿用一位小数的探究方式。

浙教版教材直接采用半直观的正方形面积模型探究两位小数的意义。先理解两位小数的计数单位 0.01，5 个 0.01 是 0.05，再用图分别表示出 1、0.8、0.05，最后合起来：1.85=1+0.8+0.05。这一过程说明浙教版教材在理解两位小数时已经完全采用了形成小数概念的第二条途径，也就是利用整数的位值概念。

青岛版教材对于两位小数的探究同样先探究计数单位，然后利用与分数的对应关系理解两位小数的意义。西南师大版教材对于两位小数的探究只采用了元与分的关系和正方形面积模型。

③定义的揭示。

四种教材都给出了小数的描述性定义及其他一些相关的名称,我们先来看看各种教材这一部分分别是如何编写的。

浙教版教材在探究了一位小数和两位小数的意义后,给出定义:0.7,0.5、1.85,…这样的数都是小数。"."是小数点,小数点左边是小数的整数部分,右边是小数部分。0.7、0.5是一位小数,1.85是两位小数。

苏教版教材只要求研究一位小数的意义,在研究一位纯小数和一位带小数的意义的过程中给出相应的读法,研究后给出定义:我们以前学过的表示物体个数的1,2,3,…是自然数,0也是自然数,它们都是整数。像上面的0.5、0.4、1.2和3.5都是小数。小数中的圆点叫做小数点。小数点左边的部分是整数部分,右边的部分是小数部分。

青岛版教材出示情境图,学生提出问题后,合作探索解决的第一个问题就是小数的定义、读写等,以小朋友对话的形式给出:像0.1、0.4、0.55、1.2……这样的数,都是小数,"."是小数点。0.1读作零点一,0.55读作零点五五,1.2读作一点二……同时教学了小数的写法。

西南师大版教材分三次揭示,在例1的情境后以小朋友对话的形式揭示:2、8、10、13是整数,1.85、6.5、18.5是小数,借助6.5介绍了整数部分、小数部分、小数点及读法,并引导学生尝试读1.85和18.5。在例2、例3的教学之后,出示了小数的描述性定义:像6.5,0.03,0.28,11.5…这样的数,都是小数,还呈现了有百分位、十分位、小数点、个位、十位的数位顺序表。在例4借助长度单位米、分米理解了一位纯小数和一位带小数后,揭示了一位小数的描述性定义:像0.1,0.9,1.2,18.5,…这样的数,小数部分只有一位的小数是一位小数。

从上面四种教材该部分的编写中,我们可以发现它们都给出了小数的描述性定义,而且采用的是相同的句式,即"像……这样的数,都是小数"。这是它们的共同点。仔细分析,发现存在着以下三个明显的不同。

第一,揭示的时机不同。

前面已经介绍了各种教材分别在什么时候揭示定义及相关名称,为了更直观，又便于对比，请见表 3-8（"前"指在探究意义前揭示，"后"指在探究意义后揭示，"/"表示没有编写该内容）。

表 3-8　四种教材定义及相关内容揭示时间一览表

教材版本	读法	写法	定义	各部分名称	几位小数	数位名称
浙教版	/	/	后	后	后	/
苏教版	后	/	后	后	/	/
青岛版	前	前	前	后	/	/
西南师大版	前	/	后	前	后	后

不同的教材揭示的时机不同，到底在什么时候揭示相关内容比较好？根据对学生所做的测查，我们觉得在理解意义后揭示利于学生的理解。

第二，揭示的方式不同。

对比浙教版教材和苏教版教材该部分的编写情况，我们可以发现，浙教版教材直接给出小数的描述性定义，而苏教版教材是先给出自然数和整数的描述性定义，再给出小数的描述性定义。像苏教版教材这样，自然数、整数和小数的定义同时给出，便于通过对比突出小数的外部特征。对比苏教版教材和青岛版教材我们又可以发现，苏教版教材是以直接告知的方式给出相关内容的，而青岛版教材采用的是生生交流的方式。为了便于对比，我们也用表格来分析，具体见表 3-9。

表 3-9　四种教材揭示方式一览表

教材版本	有对比	无对比	告知	交流
浙教版		√	√	
苏教版	√		√	
青岛版	√			√
西南师大版	√			√

不同的教材采用的揭示方式也不同，到底采用何种方式，根据对学生的测查，我们得出的结论是采用整数和小数对比、生生交流的方式揭示较好。

《 小数的初步认识教学研究

第三，揭示的内容不同。

对四种教材揭示的内容进行对比，我们发现不同的教材揭示内容的数量有着很大的不同，具体见表 3-10（"√"表示有揭示，"○"表示没有揭示）。

表 3-10　四种教材揭示的内容一览表

教材版本	读法	写法	各部分名称			几位小数		数位名称	
			整数部分	小数点	小数部分	一位小数	两位小数	十分位	百分位
浙教版	○	○	√	√	√	√	√	○	○
苏教版	√	○	√	√	√	○	○	○	○
青岛版	√	√	○	√	○	○	○	○	○
西南师大版	√	○	√	√	√	√	○	√	√

从上表可以看出，只有浙教版教材没有给出读法，翻看了该教材"小数的再认识"的编排，也没有给出读法，这样的编写是不利于学生在学习读法时自学的。对于写法的教学只有青岛版教材有特地安排，其他版本教材在探究意义的过程中教学。对于各部分名称和几位小数，从发展学生数学语言的角度来说，我们觉得有这些内容较好，当然也可以根据教学所需决定，比如说后续学习需要用到"一位小数"这个名称，在本节课就给出这个名称。对于数位名称，只有西南师大版教材给出，其他版本的教材都在"小数的再认识"时才给出，说明西南师大版教材对这部分内容的要求还是比较高的。

> **思考**
>
> 四种教材共有的习题有哪些？独有的习题又有哪些？四种教材中的习题水平层次分布如何？

为了达成知识与技能的巩固，四种教材中关于本节课内容，都安排了习题。除了本节课的练习，后续练习课、总复习中也出现了相关的习题，为了让大家能看到四种教材该册出现的所有关于"小数的初步认识"的习题，这里和同种教材不同时期的编写情况研究时一样，也把各种教材该册相关的练习全部统计在内。西南师大版教材还包括"课堂活动"中的题目。先通过分类研究，第一类是四种教材都出现的练习题类型；第二类是四种教材不都共有的练习题类型，再对所有习题进行认知水平分析和比较。

①四种教材共有的练习题类型。

第一，几元几角几分（几米几分米几厘米）和以元（米）为单位的小数的互化。各种教材所呈现的形式有所不同。浙教版教材直接出示人民币直观图，让学生写出以元为单位的小数；苏教版教材出示商品图片及价格、物体图片及长度，让学生写出以元或米为单位的小数；青岛版教材有给出商品图片及以元为单位小数表示的价格，让学生解读的，也有直接给出价格和长度让学生用以元、米为单位的小数表示的，还有同时给出两种形式的价格和长度让学生连线的；西南师大版教材有两种价格表示的互化和对以米为单位的小数的解读。

第二，根据涂色部分填数(小数、分数)或看小数涂色。根据涂色部分填数，四种教材中都有，浙教版教材此题型的编排与别的教材有不同，它先规定了一个正方形为"1"，再让学生填写涂色部分是多少，其他教材都没有这一规定，这是值得其他版本的教材学习的，因为小数和分数一样，确定单位"1"很重要。看小数涂色只有浙教版教材有，像这样逆向思考的题目，其他教材也应加入。

第三，需要通过操作、调查或测量获取信息的题目。浙教版教材提供一些人民币，让学生选择其中的三张，相互之间说一说多少钱。苏教版教材让学生到商店了解商品的价格，用小数表示，并和同学交流。青岛版教材以图片的形式给出四种笔，让学生到文具店调查各种笔的价格并用以元为单位的小数表示。西南师大版教材编写了三道相关题目：第一题是让学生记录语文书和数学书的定价，并填写这些价格表示的意思；第二题是给出四种商品，让学生调查这四种商品每千克的价格，在标牌上用小数表示出来；第三题则是测量课桌面和数学书封面的长和宽，再用小数表示测量的结果。

②四种教材不共有的练习题类型。

第一，读小数、写小数。青岛版和西南师大版教材都编写了此题型。

读小数的题目，青岛版教材直接给出小数让学生读，西南师大版教材既有直接给出小数读的，还有与同桌合作你读我写的。写小数的题目，两种教材都提供了生活中一些关于小数的信息，让学生根据读法写出小数。

第二，根据尺子图写出分数和小数，苏教版教材和青岛版教材有该类型的题目。两个版本的教材在这一题型的编写上也有不同，苏教版教材利用的是厘米与分米的关系（如图3-13），而青岛版教材用的是分米与米的关系，与例题不相同。

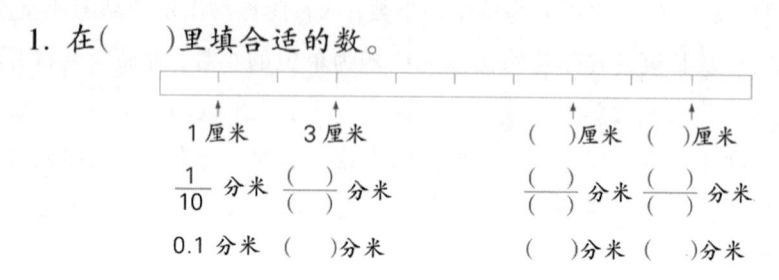

1. 在（　）里填合适的数。

1厘米　　3厘米　　　　　（　）厘米　（　）厘米

$\frac{1}{10}$ 分米　$\frac{(\ )}{(\ )}$ 分米　　　$\frac{(\ )}{}$ 分米　$\frac{(\ )}{}$ 分米

0.1 分米　（　）分米　　　（　）分米　（　）分米

图3-13　苏教版教材根据尺子图写分数和小数的习题

第三，在数线上填小数或填分数和小数。浙教版、苏教版、青岛版教材编写了该题型。如图3-14是浙教版教材该类型的题目，第2小题从0.1开始的数线是所有教材中独有的。苏教版教材三次出现该题型，形式如浙教版教材中该题型的第1小题。

3. 在▢里填数。

0　　　　　1　　　　　2

0.1　　0.2　　0.3

图3-14　浙教版教材数线上标小数的习题

青岛版教材两次出现该题型，编写形式与浙教版和苏教版教材又有不同，形式一如图 3-15，学生只需有序地往后填。形式二如图 3-16，这是所有教材中独有的编写形式，创设了小青蛙跳的情境，还要求同时写分数和小数，其他教材没有情境，而且都只要求写小数。

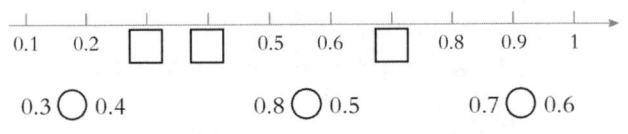

8. 在□中填上小数，再比一比。

0.1 0.2 □ □ 0.5 0.6 □ 0.8 0.9 1

0.3 ○ 0.4   0.8 ○ 0.5   0.7 ○ 0.6

图 3-15 青岛版教材数线上标小数习题一

29. 小青蛙跳到哪里了？用合适的数表示出来。

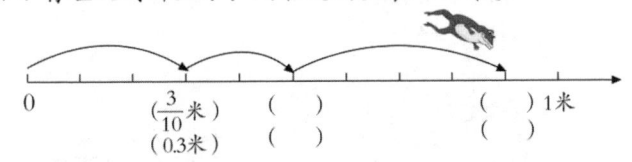

0   ($\frac{3}{10}$米)   (   )   (   )1米
          (0.3米)   (   )   (   )

图 3-16 青岛版教材数线上标小数习题二

第四，十进分数和小数互化的题目。浙教版和青岛版教材编写了该题型。浙教版教材在三处出现该题型，每次都是直接给出十进分数或小数让学生互化。青岛版教材采用"红花配绿叶"的形式，即将十进分数写在红花上，小数写在绿叶上，让学生连线，形式上比较活泼。当然，十进分数和小数并不是刚好一一对应的，题目中出现了多余的小数信息，增加了解题的难度。

第五，整数、小数、一位小数分类题。这是西南师大版教材独有的题型，两处出现该题型。第一处创设了小动物找家的情境，让学生将一位小数和整数分别连到相应的房子中，富有童趣。第二处是按要求填数，即给出一些数，让学生填写小数有哪些，一位小数有哪些。

第六，理解小数部分各个数位上数字意义的习题。浙教版教材独有的习题，如图 3-17。

《 小数的初步认识教学研究

5. 填一填，说一说。

0.46 ←→ 4个 $\frac{1}{□}$ 5.37 ←→ □个 0.1
       ←→ 6个 $\frac{1}{□}$ ←→ □个 0.01

（2）0.27 由□个十分之一和□个百分之一组成。

图 3-17 浙教版教材理解各数位上数字意义的习题

第七，多元表征小数意义的习题。浙教版教材独有的习题，如图 3-18。

3. 大家都来说 3.54。

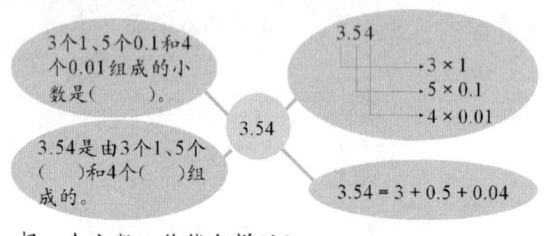

3个1、5个0.1和4个0.01组成的小数是（　　）。

3.54 是由3个1、5个（　　）和4个（　　）组成的。

3.54 ←→ 3×1
      ←→ 5×0.1
      ←→ 4×0.01

$3.54 = 3 + 0.5 + 0.04$

想一个小数，你能怎样说？

图 3-18 浙教版教材多元表征小数意义的习题

第八，理解各计数单位之间进率的习题。浙教版独有的习题，如图 3-19。

8. 讨论 1 与 0.1，0.01，0.001 的关系。

1   0.1   0.01   0.001

$\frac{1}{10}$ —— 10 倍 → 0.1   0.1 是 1 的 $\frac{1}{□}$。

$\frac{1}{100}$ —— 100 倍 → 0.01   0.01 是 1 的 $\frac{1}{□}$。

$\frac{1}{1000}$ —— 1000 倍 → 0.001   0.001 是 1 的 $\frac{1}{□}$。

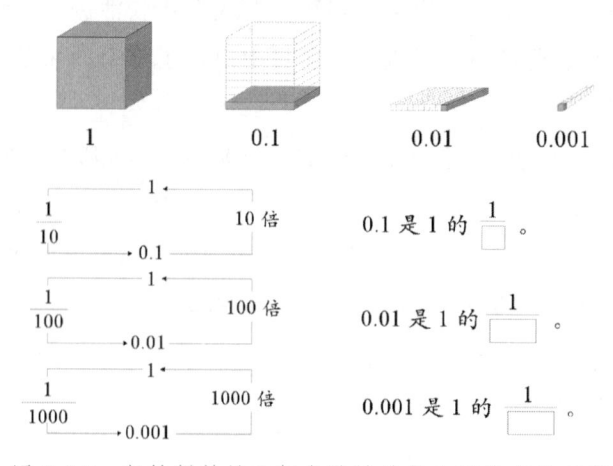

图 3-19 浙教版教材理解各计数单位之间进率的习题

③四种教材习题水平的比较。

沿用前文提到统计方法和认知水平分析框架分析四种教材中的习题，结果如表3-11。

表3-11 四种教材习题水平比较 （单位：个）

	水平1	水平2	水平3	水平4	合计
浙教版	3	10	18	2	33
苏教版	15	18	0	0	33
青岛版	33	6	5	0	44
西南师大版	37	4	0	0	41

由上表可以看出，四种教材都安排了很大训练量的练习（都在30个小题以上）。苏教版和西南师大版教材的习题都集中在记忆水平（水平1和水平2），说明这两个版本教材的习题都在低水平上重复，当然这与"小数的初步认识"的目标有关，因为目标只要求借助具体的量初步认识小数。浙教版教材的习题形式是最多样的，较高水平层次的题目占了60.6%，由此可以看出在初步认识小数阶段，浙教版教材对学生的要求是最高的。

> 思考
>
> 四种教材都有对拓展材料的编写吗？请你读一读教材，并说一说你最喜欢哪个版本教材的拓展材料的编写。为什么？

在教材中提供一些关于小数的历史方面的知识，可以让学生了解小数的发展史，从而提高学生的数学文化素养。四种教材都编写了该内容，其中，浙教版、苏教版、青岛版教材将其安排在本节课的最后，西南师大版教材将其安排在整个单元的最后。

浙教版教材在"数学百花园"栏目中介绍了古代用小棒表示数的方法，具体见前文中的图3-6。

《 小数的初步认识教学研究

苏教版教材在"你知道吗"栏目中利用图文结合的形式,介绍了我国古代开始使用小数的时间及小数记法在国内的发展史,如图 3-20。

图 3-20 苏教版教材"你知道吗"栏目的编写

青岛版教材在"小知识"栏目中给出:世界上最早提出和使用小数的是中国人,世界上最早的小数表示是用小棒表示的,现在有的国家用"."表示小数点,有的国家用","表示小数点。

西南师大版教材在"你知道吗"栏目以"小数点的由来"为标题,详细介绍了小数记法的发展史,如图 3-21。

小数点的由来

① 中国第一个将小数概念用文字表达出来的是魏晋时代的刘徽。

② 在公元1420年左右,伊朗数学家阿尔·卡西用黑墨水写整数部分,用红墨水写小数部分。

③ 德国数学家鲁道夫曾经用一条竖线表示小数点。

④ 英国数学家耐扑尔用逗号表示小数点。

⑤ 公元1593年,在罗马出版的《星盘》一书中,第1次用"."作为整数部分和小数部分的分界,并称"."为小数点。

图3-21　西南师大版教材"你知道吗"栏目的编写

对比四种教材该部分的编写,浙教版教材最简略,苏教版教材和西南师大版教材较详细。在实际教学中,我们建议综合四种教材的编写,利用微课的形式向学生介绍小数的历史。

3.2.2　特色教材编写介绍

（1）韩国教材的编写情况

本部分内容论及的是韩国教育部于2014年3月1日初版发行的小学数学课本。在该套教材中,"小数的初步认识"被安排在三年级上册,是在学习了"分数的初步认识"后学习的。由于没有整套教材资料,又碍于语言的障碍,本部分内容不涉及已学的分数教材的编排以及小数后续编排的介绍,仅就"小数的初步认识"展开介绍。

《 小数的初步认识教学研究

①情境创设。

该教材将"初步认识小数"分为两个课时编排,第一课时是认识一位纯小数,第二课时是认识一位带小数。从这样的课时分割中可以看出该教材对"小数的初步认识"的编排是细致的,秉承小步走的策略。

该教材与国内现阶段大部分教材相似,注重让学生从最熟悉的生活情境中着手学习新知。在展开第一课时的学习前,教材创设了做纸花的情境,根据这个情境明确地给出任务(具体见图3-22,左图为教材原图,右图为翻译后的教材图片)。

图 3-22 韩国教材第一课时的情境创设

在第二课时中延续了第一课时的情境,提出了新的待解决的问题(具体见图3-23)。

图 3-23 韩国教材第二课时的情境创设

情境的创设不仅拉近了数学知识与学生的距离,激发了学生的学习兴趣,还在无形中让学生体会到了小数的应用。

②活动设计。

在一位纯小数的学习中,设计了三个活动。

3　教材研究

活动1（如图3-24）呈现了已经十等分的1米长的纸条，让学生按照三个步骤完成学习。先把小明用的纸条用颜色涂出来，再用分数表示涂色部分，最后让学生思考除了分数还可以用什么方法表示涂色部分，借助"读和写"对话框的形式介绍了$\frac{1}{10}$的小数表示及小数读法。

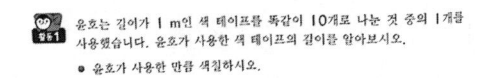

图3-24　韩国教材一位纯小数的学习活动1

在活动1理解了0.1的基础上又安排了活动2（如图3-25），让学生经历了涂色—分数表示—小数表示的过程理解0.2和0.3。

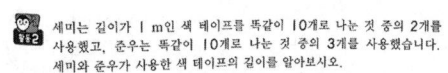

图3-25　韩国教材一位纯小数的学习活动2

理解了0.2和0.3后，通过"读和写"对话框（如图3-26），采用与十分之几对应的形式，给出了所有一位纯小数的写法、读法，并在此基础上给出了"小数"和"小数点"的名称。为了让学生感受到十分之几的分数与一位小数的对应，还给出了标有十分之几和零点几的线段图。

≪ 小数的初步认识教学研究

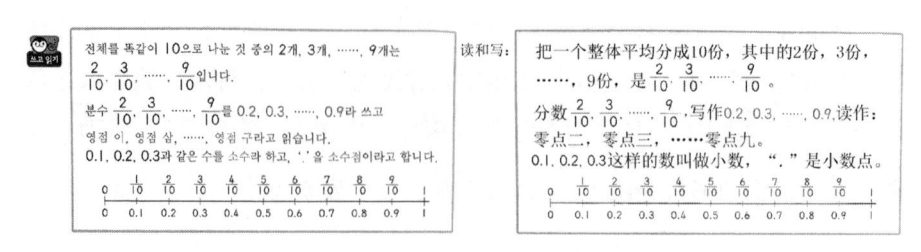

图3-26 韩国教材一位纯小数的学习"读和写"栏目

活动3（如图3-27）是借助厘米和毫米之间的关系，进一步理解一位纯小数的意义。此活动让学生经历了五个步骤，同样也是利用与分数对应的方式来理解小数。

图3-27 韩国教材一位纯小数的学习活动3

在一位带小数的理解中设计了两个侧重点不同的活动。

活动1（如图3-28）是让学生解决测量带子长度的问题：比6厘米长5毫米是多少厘米？6和0.5怎么表示会更好？利用"整数部分"与"小数部分"合成的方式来理解带小数。

3　教材研究

活动1：知道用小数表示带子长度的方法。

（1）带子的长度比6厘米长多少毫米？
（2）5毫米用小数表示是多少厘米？
（3）想一想，比6厘米长5毫米是多少厘米？
（4）为什么这么想？
（5）讨论6和0.5怎样表示会更好？

读和写：6和0.5写作6.5，读作六点五。

图 3-28　韩国教材一位带小数的学习活动 1

活动 2（如图 3-29）脱离了具体的量，借助半抽象的纸条，让学生经历小数计数单位叠加的过程来认识带小数。

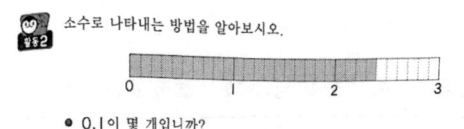

活动2：用小数的方法表示。

（1）有几个0.1？
（2）用小数怎样表示，说明理由。

图 3-29　韩国教材一位带小数的学习活动 2

以活动的形式呈现小学数学课程内容是该教材的一大特色，可看出该教材强调让学生在活动中自主建构对概念、原理、法则等内容的理解。从以上对活动的阐述中可以看出该教材的活动设计有三大特色：一是数量多，仅仅是一位小数的学习就设计了五个活动，在每一处有新的知识点融入的地方都让学生通过活动探究习得；二是有层次，五个活动分别是探究零点一，零点几，更换具体的量加深理解，借助具体的量理解一位带小数，借助半抽象的材料理解一位带小数，让学生逐步经历五个活动，学生的认知能力随着活动的升级得到不断升级；三是步骤细，每个活动都指明了一步一步怎么做，学生可以根据一步步的导向达成对新知的理解。

韩国的数学教科书是按照国家最低水平的要求来编写的，该教科书五个活动的设计是非常符合这样的指导思想的。但我们需进一步思考的是，如此小步子、细致化的活动安排满足了最低水平的学生，那么留给中上水平学生思考、创造的空间是不是太小了？对于资优生，韩国有专门的英才学校和英才班级对其进行培养，那么这些学生在小数这块又会接受怎样的培养呢？

（2）美国加州版教材的编写情况

本部分内容论及的是 2007 年出版的美国加州版教材。该套教材在二年级的第 7 章认识了钱币的小数表示，三年级的第 12 章学习了分数的初步认识、第 13 章学习了分数和小数，四年级的第 13 章和第 14 章分别再次学习分数和小数。三年级的"小数的初步认识"安排了一位纯小数和两位纯小数的学习。

①章节编排体例。

"分数与小数"章节编排体例如表 3-12。

表 3-12　美国加州版教材三年级第 13 章"分数与小数"章节编排

名称	包含内容
主题图	章标题、大创意、本章主要内容、关键词、学习卡制作
学习准备	方式 1：完成快速检查；方式 2：完成在线学习的章节准备测试
对于 13-1 的数学活动	主要思想、标准、学具、活动、思考、知识点检查题
13-1　十分之几	主要思想、标准、新词汇、知识点罗列、三道例题、知识点检查题、练习和问题解决、现实生活中的问题解决、热点问题、标准练习、螺旋回顾
游戏时间	分数和小数配对
13-2　百分之几	主要思想、标准、新词汇、知识点罗列、三道例题、知识点检查题、练习和问题解决、热点问题
本章中期检查	针对 13-1 和 13-2 的检查题
科学中的问题解决	七大洲陆地面积的小数和分数表示
13-3　问题解决策略	理解—解决—计划—检查；分析策略；练习策略

（续表） 表 3-12

名称	包含内容
对于 13-4 的数学活动	主要思想、标准、学具、活动、思考、知识点检查题
13-4　小数和钱币	主要思想、标准、知识点罗列、主要概念、三道例题、知识点检查题、练习和问题解决、热点问题、标准练习、螺旋回顾
13-5　问题解决调查	理解—解决—计划—检查；混合问题解决
学习指导与复习	学习卡制作、大创意、关键词汇、词汇选择、逐课复习
章测试	围绕本章内容的测试
加州标准练习（1—13 章）	标准的例子、练习题

从上表可以看出，美国加州版教材"分数与小数"章节内容非常丰富而且很有特色。

第一，学习目标明确。在章首的主题图中就让学生明确本章需掌握的内容：理解十分之几和百分之几、将小数与分数和钱币进行联系、在解决问题中学会问题解决。每节新课内容的旁边都有课程标准的原文作为学习提示，如 13-1 这课的学习提示是知道和理解分数与小数是同一概念的不同表述等。

第二，注重学法指导。在章首的主题图中有如何制作和使用学习卡的指导（如图 3-30），在"学习指导与复习"中又一次指导学生制作和使用，学生可以使用学习卡记录学习情况。

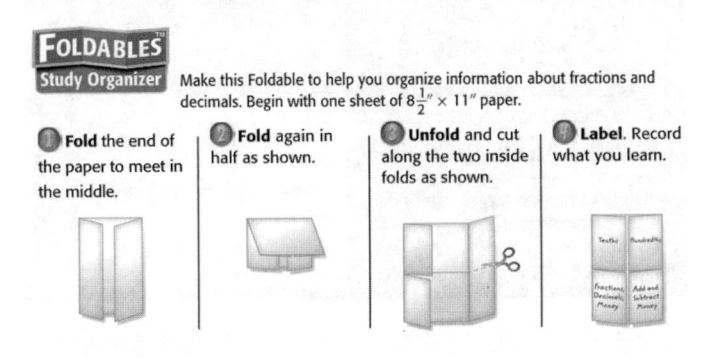

图 3-30　美国加州版教材如何制作学习卡的指导

《 小数的初步认识教学研究

第三，重视练习巩固。在章首设计了学习本章所需的准备性练习，包括用分数、小数表示钱币等，为新知学习扫除知识经验上的障碍。数学活动后有知识点检查题，新知学习后的练习更是多元，有知识点检查题、练习和问题解决、现实生活中的问题解决、热点问题、标准练习、螺旋回顾等。每章有中期检查，每章结束有针对逐课的复习题、章测试和前面所有章节的标准练习。学生在经历不同阶段的练习中熟练运用新知。

第四，重视活动设计。从上表中可以发现，教材在展开 13-1 和 13-4 的学习之前，都安排了数学活动。引导学生通过制作学具模型、动手实践等理解意义。（具体编排见后文）

第五，重视问题解决。从上表可以看出，学习了新知后，在后续练习中都会让学生利用新学的知识解决问题。除此之外，本章还专门安排了科学中的问题解决、问题解决策略、问题解决调查三块内容。该套教材每一章都有一个模块，运用数学解决科学、艺术、地理等问题，本章是解决一个科学领域的关于七大洲陆地面积的问题（如图 3-31），让学生在解决现实世界中的科学问题的过程中深入理解小数和分数的意义。问题解决策略和问题解决调查以表格的形式呈现问题解决的过程：理解题意、计划、解决、检查，可见该套教材非常重视问题解决技能的培养。

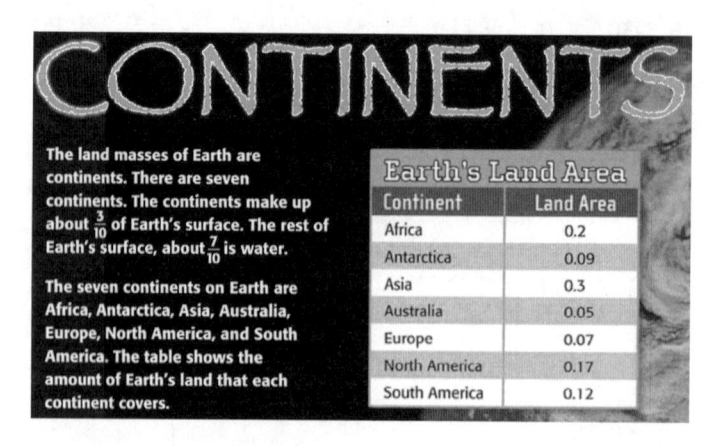

图 3-31　美国加州版教材关于七大洲陆地面积的问题

3 教材研究

第六,重视游戏运用。该套教材在每章内容中都特别设计了"游戏时间",本章设计的是"匹配分数和小数"的游戏,这部分内容融知识学习于趣味游戏中,不但可以缓解学习疲劳,增强学习数学的兴趣,还能锻炼动手操作技能和合作学习的能力。

②活动编排。

学习一位小数前的活动给出了四个步骤,分别是做一个十等分的正方形模型并涂出其中的三份、用分数和小数表示涂色部分,做一个百等分的正方形模型并涂出其中的三列、用分数和小数表示涂色部分。经历了以上四个步骤后,给出四个问题让学生思考:第一问题,在第一步中涂了几个十分之一?第二问题,在第三步中涂了几个百分之一?第三问题,怎么用数表示涂色部分?第四问题,$\frac{3}{10}$ 和 $\frac{30}{100}$ 大小相等吗?你是怎么知道的?随后让学生完成一些知识点检查题。

学习小数与钱币之前的活动有三个步骤。第一步:数硬币。让学生数出 1 美元的硬币,并把各种币值的硬币写成美分、以美元为单位的分数和以美元为单位的小数形式。第二步:完成如图 3-32 的表格。第三步:做 1 美分、5 美分、10 美分、25 美分、50 美分的分数、小数正方形模型。随后给出三个问题:将 7 美分写成以美元为单位的分数、做出问题 1 的模型、做出 50 美分的模型。最后完成一些知识点检查题。

Coin	Amount in Cents	Fraction of a Dollar	Amount as a Decimal
Penny	1¢	$\frac{1}{100}$	$0.01
Nickel			
Dime			
Quarter			
Half-Dollar			

图 3-32 美国加州版教材学习小数与钱币之前的活动中的表格

每个活动的编排,教材都给出了细致的步骤,说明教材注重对活动的

《 小数的初步认识教学研究

指导。思考问题的给出有利于学生活动经验的积累,知识点检查题则让知识得到了及时巩固。

③一位小数的探究。

从表 3-13 可以看出,13-1 和 13-2 的编排方式是相似的,因此下面我们只重点介绍 13-1 这节课即一位小数学习的编排。

第一,主要思想。

思想:学习十分之一的意义。

标准:知道和理解分数与小数是同样概念的不同表示。例如:50 美分是 1 美元的 $\frac{1}{2}$,75 美分是 1 美元的 $\frac{3}{4}$。

新词汇:小数、小数点、十分之一。

第二,问题设计。

本节课强调在解决问题的过程中理解新知,在准备学习中出示了 Alfredo(阿弗雷德)的母亲用旧布做毯子的问题(如图 3-33),让学生解决"毯子的多大部分是蓝色的?"这个问题。

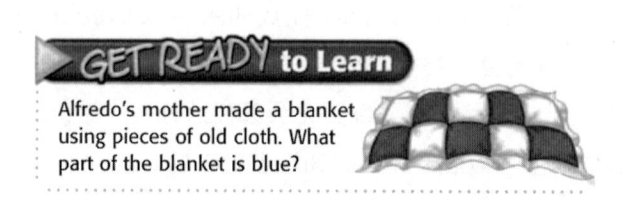

图 3-33 美国加州版教材中母亲用旧布做毯子的问题

第三,知识罗列。

在提出了以上要解决的问题之后,教材罗列了本节的知识点(如图 3-34),指出"小数是用位值和小数点来表示整体的一部分的数。小数点右边的数表示的是整体的一部分。十分之一是十个相等的部分中的一份"。

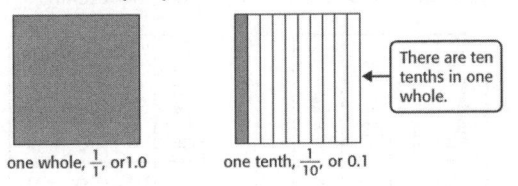

图 3-34　美国加州版教材一位小数探究的问题设计

第四，例题编排。

本节编排了三个例题，第一个例题是解决真实世界中的问题，也就是前面问题设计中提出的"缝纫"的问题。在这个问题的解决中，教材将分数和小数作为解决问题的两种方法呈现（如图 3-35）。值得借鉴的是小数的给出是结合数位顺序表的，而且还特地标出了十分位上的 5 表示的意思是比 1 小。小数的读法通过"记忆小贴士"的方式给出，告知学生读小数时，请把小数点右边的数字读为整数，然后说它的位置。例子：0.7 读作十分之七。

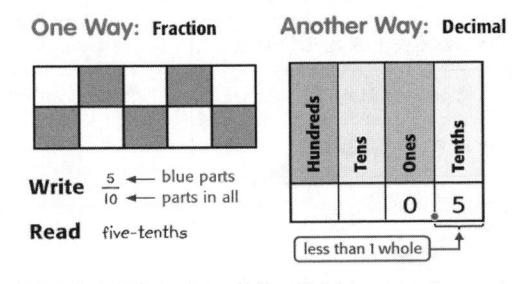

图 3-35　美国加州版教材一位小数探究的例 1

例 2 和例 3 的内容分别是将分数改写成小数、将小数改写成分数（如图 3-36），同样，小数是呈现在数位顺序表中的。

《 小数的初步认识教学研究

EXAMPLES Write Fractions and Decimals

② Write $\frac{4}{10}$ as a decimal.
$\frac{4}{10}$ is written as 0.4.

③ Write 0.8 as a fraction.
0.8 is eight-tenths.

Hundreds	Tens	Ones	Tenths
		0	4

Hundreds	Tens	Ones	Tenths
		0	8

So, $\frac{4}{10} = 0.4$.

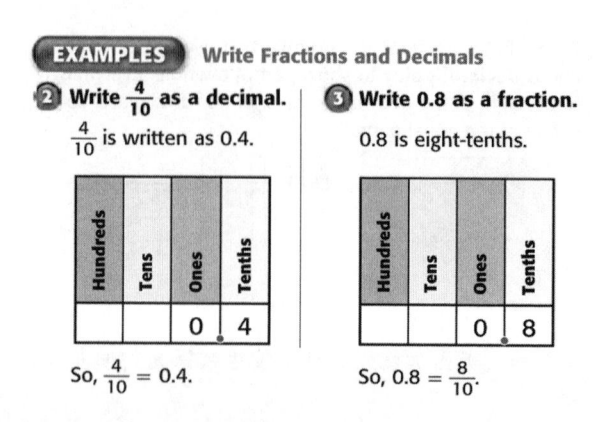

So, $0.8 = \frac{8}{10}$.

图 3-36　美国加州版教材一位小数探究的例 2、例 3

第五，特色练习。

在一位小数学习后，该教材编排了 38 道与新知相关的练习，题型分布如表 3-13。

表 3-13　美国加州版教材三年级 13-1 练习题型分布

序号	题目类型	练习总数	数量
1	根据阴影部分写分数和小数		9
2	将十分之几的分数改写成小数		9
3	将一位小数改写成十分之几的分数		9
4	常规问题解决	38	5
5	真实世界中的问题解决		2
6	热点问题		3
7	讨论题		1

根据阴影部分写分数和小数、十分之几的分数和小数的互化也是国内教材中的常见题型，这三类是最基本的技能巩固题，在美国加州版教材一位小数学习后的练习中出现得最多，约占 71.1%。有一点值得借鉴的是，根据阴影部分写一位小数时，该教材放进了百格图，如图 3-37，这是在国内教材一位小数学习后的练习中没有见到的。

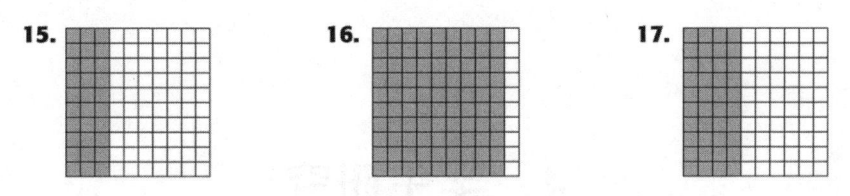

图 3-37　美国加州版教材一位小数探究后的练习

　　常规问题解决的题目只是将分数化成小数的题目加入了实际的情境，如 Estella（埃斯特拉）需要一杯面粉的十分之五，把所需面粉的数量写成小数。真实世界中的问题解决的是关于降雨量的问题，给出记录有五个城市的降雨量的卡片，让学生将呈现的分数化成小数，呈现的小数化成分数。

　　热点问题比较开放，第 1 题是让学生以小数和分数的形式写出任意十分位上的数，并解释数的意义。第 2 题是关于数感的，0.3 大于还是小于 1 ？解释你是怎么知道的。第 3 题让学生写一个在真实世界中碰到的将十分之几写成小数形式的例子。

　　一般每节课后面的练习中都会安排一个讨论题，本节课安排的讨论题是：单词形式的 0.7 是什么意思？表示量的时候是什么意思？

4 学生研究

对学情的准确把握是影响学习系统最终设计的重要因素之一，本章的学生研究包括前测、后测和其他一些相关研究。前测是在教学前进行的，目的是帮助教师了解学生已有的知识、技能水平；后测是在教学后进行的，目的是帮助教师了解学生在学习结束时，其知识、技能所达到的水平及存在的困难；其他相关研究则是对前后测的补充研究。

4.1 前后测研究
4.1.1 研究方法

在研究过程中，遵循以下研究序列：选取合适的研究对象—编制笔试测试工具—进行测试—调整测试工具—实施测试—依据笔试结果进行访谈—搜集笔试结果及访谈内容进行资料分析—整理成文。以下针对研究方法进行相关说明。

因有些教材把小数的初步认识安排在三年级上册教学，有些教材安排在三年级下册教学，因此，在适当的时候选取合适的对象进行了两次前测，后测则只在三年级下学期进行。

三年级上册的前测对象选取了浙江省江山市和杭州市余杭区的城区、城郊、偏远山区各三所学校各两个班级的学生，共计498人。各班人数分布、前测时间等见表4-1。

表 4-1　三年级上册前测时间安排及样本分布

地区	江山市						余杭区					
时间	2014.12						2015.01					
学校区域	城区		城郊		偏远山区		城区		城郊		偏远山区	
班级	A	B	A	B	A	B	A	B	A	B	A	B
人数	42	41	41	37	51	50	43	45	43	44	30	31
总计	498											

三年级下册的前测选取了浙江省江山市、杭州市余杭区、杭州市下城区各一所学校的两个班级，共计 180 人。三年级下册后测在前测的基础上增加了浙江省嵊州市的一所学校，共计 257 人。具体情况见表 4-2。

表 4-2　三年级下册前后测时间安排及样本分布

地区	江山市		余杭区		下城区		嵊州市	
时间	2016.05		2016.05		2016.06		2016.04	
学校区域	城区		城郊		城郊		城区	
班级	A	B	A	B	A	B	A	B
人数	33	35	31	31	26	24	40	37
前测人数总计	180						/	/
后测人数总计	257							

根据"小数的初步认识"的相关内容来设计测试题和个别访谈内容，用以了解学生在学前及学后对小数知识的理解状况。

◎ 测试工具

测试工具依据"小数的初步认识"所包含的知识点及能力目标设计而成，分为小数记数系统、小数意义两方面，其中每一个方面又包含了若干个小数概念。研究问题和测试内容见表 4-3。

《 小数的初步认识教学研究

表4-3 研究问题和测试内容双向分析表

小数知识点			题号		
			三上前测卷	三下前测卷	三下后测卷
记数系统		小数辨识	①	—	(AB)①②
		小数写法	②③④⑤	—	(AB)③
		小数读法	⑥	—	(AB)④
		小数化聚	—	—	(AB)⑤⑥
		小数序列	—	—	(AB)⑦
		小数的稠密性	—	—	(AB)⑧
小数意义	单复名数互化	复名数化单名数	⑦⑧⑨⑩⑪⑫	—	(AB)⑨
		单名数化复名数	⑬⑭⑮⑯⑰⑱	—	(AB)⑩
	与分数的联系	小数换成分数	—	(AB)①	(AB)⑪
		分数换成小数	—	(AB)②	(AB)⑫
	大小的理解		—	(AB)③	(AB)⑬
	小数的估测		—	(AB)④	(AB)⑭
	小数图形表征	离散	—	(AB)⑤	(AB)⑮
		连续 面积形式	—	(AB)⑥	(AB)⑯

三年级上册前测卷共18道题目,具体如下:

①下面的体检表中含有一些数,请把你认为是"小数"的数圈起来。

体检表

姓名	身高	性别	体重	年龄	视力	
王明	1.32米	男	32.8千克	9岁	左眼	0.9
					右眼	1.2

你认为什么是"小数"?请你写一写。

②十八点零零七写作:(　　　)。

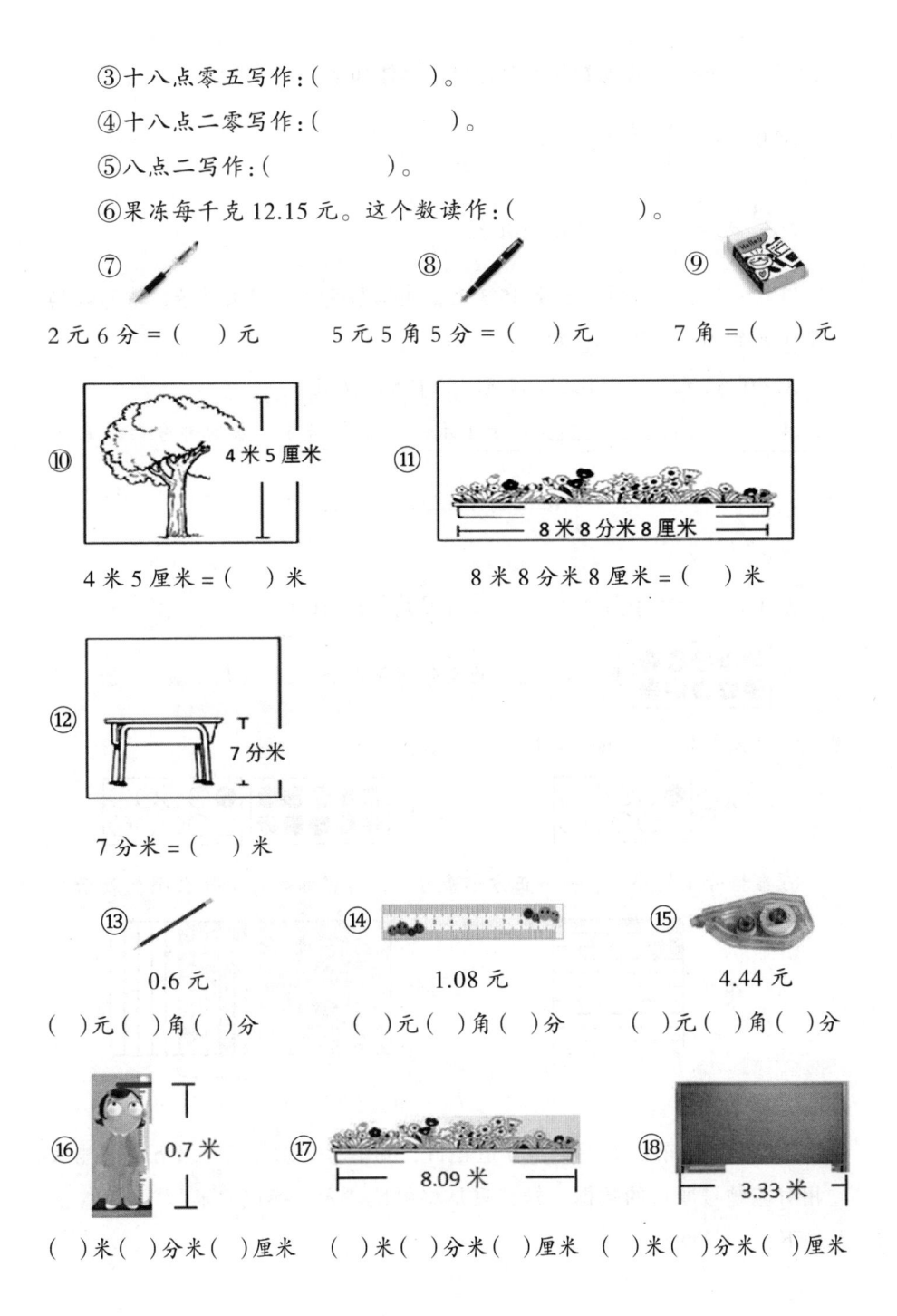

③十八点零五写作:(　　　　)。
④十八点二零写作:(　　　　)。
⑤八点二写作:(　　　　)。
⑥果冻每千克12.15元。这个数读作:(　　　　)。

⑦　　　　　　　　　⑧　　　　　　　　　⑨

2元6分=(　　)元　　5元5角5分=(　　)元　　7角=(　　)元

⑩

4米5厘米=(　　)米

⑪

8米8分米8厘米=(　　)米

⑫

7分米=(　　)米

⑬　　　　　　　　　⑭　　　　　　　　　⑮
0.6元　　　　　　　1.08元　　　　　　　4.44元
(　)元(　)角(　)分　(　)元(　)角(　)分　(　)元(　)角(　)分

⑯ 0.7米　　⑰ 8.09米　　⑱ 3.33米
(　)米(　)分米(　)厘米　(　)米(　)分米(　)厘米　(　)米(　)分米(　)厘米

《 小数的初步认识教学研究

三年级下册前测 A 卷共 6 道题目，具体如下：

① 0.8 元 = $\frac{(\quad)}{(\quad)}$ 元。

② $\frac{3}{10}$ 元 =（　　）元（填小数）。

③选一选：小明的鞋子要 55.3 元，妈妈想要帮小明买鞋子，请问妈妈要带下面的哪个钱包钱才够？（　　）

  A. 50~52 元　　　　B. 52~54 元　　　C. 54~56 元

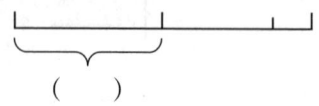

④选一选：⎿_____⏌表示 1 元，下面大括号扩着的部分大约表示多少元？

  A. 1.1 元　　B. 1.3 元　　C. 1.5 元　　D. 1.7 元　　E. 1.9 元

⑤ ●●●●● 表示 1，图 a 的涂色部分表示（　　）（填小数）。图 b 的涂色部分表示（　　）（填小数）。

图 a.　　　　　　　　图 b.

⑥在括号里填小数：一个正方形表示 1，阴影部分可用什么小数表示？

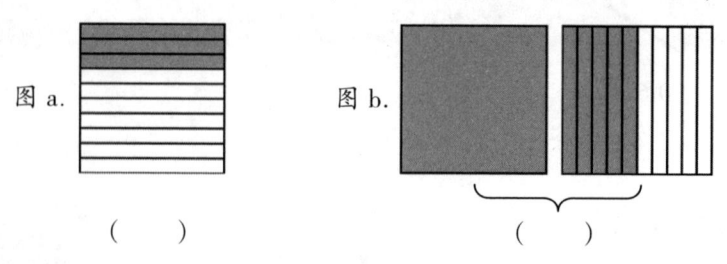

图 a.　　（　　）　　　　图 b.　　（　　）

三年级下册前测 B 卷也是 6 道题目，其中①②④与三年级下册前测 A 卷相对应题号题目的数据一样，只是将单位"元"换成"米"。③⑤⑥三题如下：

③选一选：小明的腿长是55.3厘米，妈妈想要帮小明买裤子，请问妈妈要帮小明买什么号的裤子小明才穿得下呢？（　　）

　　A. 50~52 厘米　　　　B. 52~54 厘米　　　　C. 54~56 厘米

⑤ ●●●●● / ●●●●● 表示1，请在图 a 中涂出 0.1，在图 b 中涂出 1.1。

图 a.　　　　　　　　　　　　　　　图 b.

⑥看数涂色。

0.8

三年级下册后测 A 卷共 16 道题目，具体如下：

①判断题：

有人说："小数就是很小的数。"你同意吗？（　　）

②下面这些信息中的数字是"小数"吗？把你觉得是小数的，在后面括号里打"√"。

　　a. 一支铅笔 0.50 元。（　　）

　　b. 2000.9.8 是北京申奥成功的日子。（　　）

　　c. 3.1 是我的生日。（　　）

　　d. "5·12" 地震让很多人失去了亲人。（　　）

　　e. 珠穆朗玛峰高 8848.43 米。（　　）

　　f. 淘气所在的学校需要早上 7:50 到校。（　　）

　　g. 三（1）班和三（2）班进行了足球比赛，比分为 2:0。（　　）

③十八点零零七写作：（　　　　　　）。

④ 12.15 读作：（　　　　　　）。

《 小数的初步认识教学研究

⑤ 5个0.1元是（　　）元。

⑥ 0.8元里面有（　　）个0.1元。

⑦ 按规律填数：10.6元　10.7元　10.8元　10.9元　（　　）元

⑧ 选一选：7.3元和7.4元这两个数之间有没有小数？（　　）

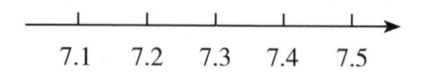

　　　　　7.1　7.2　7.3　7.4　7.5

A.没有　　　B.有1个　　　C.有9个　　　D.有10个

E.有100个　　　F.有很多个，数不完

⑨ 5角是（　　）元。

⑩ 0.3元是（　　）元（　　）角（　　）分。

⑪ 0.8元 = $\dfrac{(\quad)}{(\quad)}$ 元。

⑫ $\dfrac{3}{10}$ 元 = （　　）元（填小数）。

⑬ 选一选：小明的鞋子要55.3元，妈妈想要帮小明买鞋子，请问妈妈要带下面的哪个钱包钱才够？（　　）

A. 50~52元　　　B. 52~54元　　　C. 54~56元

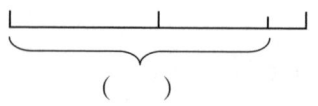

⑭ 选一选：┗━━━━━┛表示1元，下面大括号扩着的部分大约表示多少元？

（　　）

A. 1.1元　　B. 1.3元　　C. 1.5元　　D. 1.7元　　E. 1.9元

⑮ ●●●●●/●●●●● 表示1。图a的涂色部分表示（　　）（填小数）。图b的涂色部分表示（　　）（填小数）。

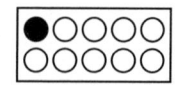

图a.　　　　　　　图b.

⑯ 在括号里填小数：一个正方形表示1，阴影部分可用什么小数表示？

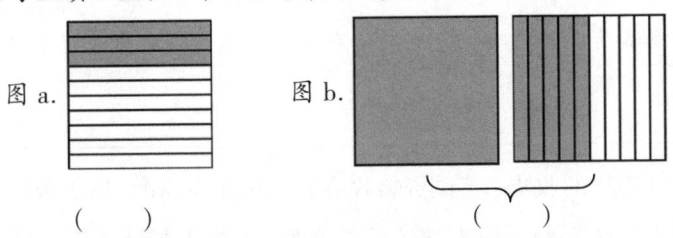

图 a.　　　　图 b.

（　　）　　　（　　）

三年级下册后测 B 卷也是 16 道题目，其中⑬⑮⑯三题与三年级下册前测 B 卷的③⑤⑥相同，①②③④四题与三年级下册后测 A 卷相应题号的题目相同，其余题目与三年级下册后测 A 卷相对应题号题目的数据一样，只是将单位"元"换成"米"，"角"换成"分米"，"分"换成"厘米"。

◎ 访谈工具

访谈工具是针对访谈对象在笔试中作答正确或错误的题目，加以修改后形成的问卷。因此每个访谈对象的访谈内容不尽相同。

> 思考
> 我们要对学生进行前测和后测，你觉得可以怎么实施测试和访谈呢？

◎ 测试的实施

前测是在教学之前进行的，前文提到"小数的初步认识"这一内容不同的教材其教学时间不同，北师大版教材安排在三年级上学期教学，其他版本教材在三年级下学期教学。为了对这两个阶段的学生都有所了解，我们对三上、三下学生测查了不同问题。后测是在教学之后进行的，选择的时间点是三下学生学完"小数的初步认识"一课，完成书上及配套课堂作业之后。前后测具体时间安排见表 4-1 和表 4-2。

◎ 访谈的实施

测试后对测试班级的学生的解题情况进行初步整理，在整理的基础上，选择了部分学生进行逐一访谈。测试与访谈在同一天上午完成。访谈对象的选择来自三个方面：其一是出现典型错题者；其二是特别优秀者；其三是学困生。

> **思考**
>
> 测试及访谈完毕，需要对信息进行收集，对数据进行统计。你觉得我们可以如何进行统计？

笔试信息的收集：笔试资料收齐后，运用 Word，以班级为单位进行整理。如果是选择题，输入学生所选答案；如果不是选择题，则输入学生所填答案，并将出现的答案进行编号。资料输入完毕后，统计出每题的答题情况。

访谈信息的收集：访谈时进行记录，访谈后整理出学生答对或答错的原因，并结合笔试测试题的结果，探讨学生对知识的正确理解情况和错误理解情况。

4.1.2　前测分析

> **思考**
>
> 你能根据教学经验大胆猜测一下学生学前把握小数记数系统的状况吗？

前测试题所涵盖的知识点包括小数的辨识、写法、读法、化聚、序列和稠密性。从表 4-3 可以看出，以上六个知识点，前测时我们在三年级上册测查了辨识、写法、读法三项。

从表 4-4 得知，小数辨识、写法、读法三个记数系统方面的知识，写法的正确率最高，读法的正确率最低。四道小数写法的题目的正确率不一，最低的是题②，最高的是题⑤，说明对于学生来说，写小数点后有多个 0 的小数难度较大，而写小数部分没有 0 的小数相对简单。在访谈中了解到，辨识和读法正确的学生有的是从书上学会的，有的是家长或哥哥姐姐教的，小数写法正确的则是自己觉得该这样写就写了。

表 4-4　小数记数系统正确率统计

知识点	题号	正确人数/人	正确率
小数辨识	①	138	27.7%
小数写法	②	268	53.8%
小数写法	③	327	65.7%
小数写法	④	347	69.7%
小数写法	⑤	384	77.1%
小数读法	⑥	28	5.6%

表 4-5 中的错误类型是根据学生圈的情况、写的情况和对部分学生的访谈梳理而成的。从下表可以发现，小数辨识知识点出现了四种错误，主要错误是学生从"小数"这两个字的字面意思理解，他们认为"白马"是白色的马，那么"小数"就是小的数。认为"小数就是小的数"的学生有不同的理由，但不管哪种理由，他们都往"小"的方面去考虑。从统计和访谈中还了解到，很多学生除了将小数往"小"的方面思考，还将小数的整数部分和小数部分当作独立的两个整数来看待，如只将小数点后面的部分圈起来，无视小数点的存在，圈小的数、圈整数部分或小数部分小的数等，说明学生在学习小数之前，其小数的认识受整数规则的影响是很严重的。

表 4-5　小数辨识错误类型情况统计

题号	错误类型		错误人数/人	错误率
①	小数就是数，圈出了所有的数		35	7.0%
①	圈小数点		11	2.2%
①	圈小数部分		41	8.2%
①	小数就是小的数	圈有点的较小的数	273	54.8%
①	小数就是小的数	数字较小的数就是小数	273	54.8%
①	小数就是小的数	忽视小数点的存在，圈小的数	273	54.8%
①	小数就是小的数	圈整数部分或小数部分小的数	273	54.8%
①	小数就是小的数	圈每个数中小的数字	273	54.8%
①	小数就是小的数	与自己熟悉的东西对比，确定大小	273	54.8%
①	小数就是小的数	看单位，千克、米很大，不是小数	273	54.8%

《 小数的初步认识教学研究

表4-6 小数写法错误类型情况统计

题号	错误类型	错误人数/人	错误率
②	整数负迁移：18.7	62	12.4%
	时间负迁移：18:007、18:00	28	5.6%
	只受整数或受整数和时间两者负迁移：18.07、18:07、18:7	124	24.9%
	其他错误（包括空白）	10	2.0%
③	整数负迁移：18.5	65	13.1%
	时间负迁移：18:05	85	17.1%
	受整数和时间两者负迁移：18:5	10	2.0%
	其他错误（包括空白）	11	2.2%
④	受整数或小数的性质负迁移：18.2、18.02	40	8.0%
	时间负迁移：18:20	88	17.7%
	受整数或小数的性质和时间负迁移：18:2、18:02	10	2.0%
	其他错误（包括空白）	10	2.0%
⑤	时间负迁移：8.02、8.20、8:02、8:2、8:20	102	20.5%
	其他错误（包括空白）	11	2.2%

从表4-6可以发现，小数写法的错误主要有以下三种原因：受时间记法的影响，受整数的影响，受小数的性质的影响。

因为小数点的读法和时间符号"："的读法一样，学生在写小数时，会受到时间符号"："的负迁移影响。受时间负迁移又分成三类：第一类，只受符号的影响，如将18.007写成18:007；第二类只受到时间记法"分"部分的影响，不管小数部分是几位数，都写成两位，如将8.2写成8.02或8.20；第三类既受符号的影响，又受时间记法"分"部分的影响，如将18.007写成18:00。

小数的写法受整数的影响，也有三种错误写法。第一种，将小数的整数部分和小数部分当成两个整数来看，认为小数部分的0可以省略不写，如将 18.007 写成 18.7；第二种，忽略小数点的存在，将小数当作一个整数，与整数读法"每一级末尾的 0 都不读，其他数位连续几个 0 都只读一个 0"混淆，误认为中间不管有几个 0 都只须写一个 0，如将 18.007 写成 18.07，这种错误答案也可能是受时间记法影响中的第二类错误；第三种，将小数当作两个整数或一个整数，与"每一级末尾的 0 都不读"混淆，将末尾的 0 省去不写，如 18.20 写成 18.2，这种错误答案也可能是受小数性质的影响，即认为小数末尾的 0 不影响小数的大小，所以可以省略不写。

表 4-7 小数读法错误类型情况统计

题号	错误类型		错误人数/人	错误率
⑥	数字意义	意义正确：12 元 1 角 5 分、12 元 15 分	42	8.4%
		意义错误：将小数点当作元和角的分隔，读作 12 元 15 角	65	13.1%
	小数部分按整数的读法读	十二点十五	315	63.3%
		小数点读错：十二零十五	7	1.4%
		多加了个 0：十二点零十五	5	1.0%
		整数部分受小数部分读法的影响：一二点一五	4	0.8%
		小数点不读：十二一五	2	0.4%
	其他		30	6.0%

从表 4-7 可以看出，小数读法错误中最典型的是将小数部分按整数的读法来读，占了 65.7%。将小数点当作元和角的分隔，说明学生对以元为单位的小数比较熟练，会情不自禁地用意义的方式报出价格，而不是读出来。整数部分受小数部分读法影响的学生不多，只占了 0.8%，这里也单列出来，目的是提醒大家，小数两部分的读法会相互影响，即小数部分会受整数部分读法的影响，整数部分也会受到小数部分读法的影响。在教学中发现，学生正式学习了小数的读法后，由于对小数部分读法的强化，整数部分读法受影响的会更多。

> **小数的初步认识教学研究**

> **思考**
>
> 前面对学生学前把握小数记数系统状况的猜测准吗？请你继续猜一猜：学生学前理解小数意义的状况如何？

此部分是探究学生对小数意义的理解情况，包括单复名数互化、大小理解、与分数的联系和图形表征。从表4-3可以看出，单复名数互化安排在三年级上册进行前测，其他三个知识点安排在三年级下册进行前测。

表 4-8　小数意义之单复名数互化正确率统计

题号	正确人数/人	正确率
⑦	78	15.7%
⑧	174	34.9%
⑨	225	45.2%
⑩	46	9.2%
⑪	174	34.9%
⑫	134	26.9%
⑬	266	53.4%
⑭	358	71.9%
⑮	409	82.1%
⑯	250	50.2%
⑰	400	80.3%
⑱	411	82.5%

单复名数互化在"小数的初步认识"阶段定位在对"元""米"为单位的小数的理解和将几元几角几分转化为几元、将几米几分米几厘米转化为几米。从表4-8可以看出不管是顺向解读还是逆向转化的题目，都有部分学生能正确解答。

对比顺向解读（题⑬—⑱）和逆向转化（题⑦—⑫），学生解答所有顺向解读的题目的正确率都比逆向转化的题目高。对比逆向转化中的人民币制和米制系统的题目，除了题⑧和题⑪正确率相同外，其他的人民币制题目的正确率均高于米制系统题目。顺向解读的题目中人民币制和米制系统的题目正确率差不多，这是因为题目中明确给出了元角分、米分米厘米的单位，大部分学生逐个数字去对位，能猜对答案。如果不给出单位，让学生自己分析，人民币制顺向解读的题目正确率可能会高于米制系统顺向解读题目的正确率。

表 4-9 小数意义之与分数的联系、大小理解、小数估测正确率统计

知识点		题号	受测人数/人	正确人数/人	正确率
与分数的联系	小数化分数	A①	91	18	19.8%
		B①	91	19	20.9%
	分数化小数	A②	91	29	31.9%
		B②	91	28	30.8%
大小理解		A③	91	67	73.6%
		B③	91	68	74.7%
小数的估测		A④	91	45	49.5%
		B④	91	34	37.4%

两份问卷的数据一样，单位不同。A 卷的测试题基于人民币单位，B 卷的测试题基于长度单位，选择了各校能力相当的两个班级分别测 A、B 卷。对比每一小题的 A、B 卷答题情况，除了小数的估测这一题，A 卷正确率比 B 卷高出 12.1% 外，其他题目 A、B 卷的正确率不相上下。

在小数与分数的联系知识点上，前测试卷通过十分之几的分数化小数和一位小数化分数两道题目来探究学生如何通过小数与分数互换来理解小数的意义。从表 4-9 可以看出，与大小理解、小数的估测题目相比，小数与分数的联系题目的正确率是最低的。对比小数化分数和分数化小数的题目，发现小数化分数题目的正确率又要比分数化小数低 10% 左右。

在大小理解方面，因为有专门的一本书对大小比较展开研究，所以这

里只测查学生对小数处于哪个区间的理解程度,从数据中看出,学生对小数处于哪个区间的理解是表中三个知识点中最好的。

小数的估测是用一条线段表示 1 米或 1 元,题目要求学生用小数表示大括号扩着的部分(介于 1 和 2 之间),主要是让学生估测不足一个单位的部分,以测查学生对小数所表示数量的掌握程度。从数据中看,只有不到一半的学生能准确估测。

表 4-10　小数意义之图形表征正确率统计

知识点		题号	测试人数/人	正确人数/人	正确率
小数图形表征	离散	A⑤a	91	48	52.7%
		A⑤b	91	37	40.7%
		B⑤a	91	60	65.9%
		B⑤b	91	43	47.3%
	连续	A⑥a	91	40	44.0%
		A⑥b	91	39	42.9%
		B⑥	91	73	80.2%

在笔试测试题中,A、B 卷的⑤⑥两题是图形表征题,包括离散型和连续型,选择了每所学校能力相当的两个班级,测查其学生在不同图形情境下对一位小数的理解情况,如表 4-10。

A、B 卷的第⑤题为离散型(包含物单一)的图形表征题,所谓包含物单一是指 0.1 所对应的物体个数为 1。A 卷第⑤题是用纯小数和带小数表示涂色部分,B 卷第⑤题是根据纯小数和带小数给正方形涂色。同一张测试卷的两道题目相比,不管是 A 卷还是 B 卷,纯小数的正确率都比带小数高。A、B 卷相比,根据小数涂色的正确率高于根据涂色部分写小数。说明在离散情境中,学生关于纯小数的学习经验高于带小数,根据小数涂色的学习经验高于用小数表示涂色部分。

A、B 卷的第⑥题为连续型的图形表征题。A 卷是根据阴影部分写纯小数和带小数，有两个小题。B卷只有一个小题，要求学生根据纯小数涂色。在A卷的两道题目中，写纯小数的题目比写带小数的题目的正确率高。在B卷的两道题目中，根据纯小数涂色的正确率比根据带小数涂色的正确率高。将A卷的写纯小数和B卷的根据纯小数涂色题目进行对比，发现根据小数涂色的正确率高于根据涂色部分写小数。说明在连续型的图形表征题的情境中，学生对于纯小数的学习经验高于一位带小数，看小数涂色的学习经验高于看图写小数。

从表4-11可以看出，学生在解答复名数化单名数的题目时，其错误答案主要有4种类型，最典型的错误是将小数点当成大小单位的分隔，像5元5角5分转化成以元为单位这样的题目，学生会写两个小数点。其次是直接舍去后面小单位的数据或舍去后进一，学生不知道怎么把不足1元或1米的部分转化成小数，所以就采取了直接舍去或舍去后进一的方法。第⑫题还出现了将分米化成米乘进率的情况，说明学生知道米和分米之间的进率是10，但不知道单位互化时高级单位和低级单位之间的进率怎么计算。

表4-11 小数意义之复名数化单名数错误类型情况统计

题号	错误类型	错误答案		错误人数（错误率）	
⑦⑩	将小数点当成大小单位的分隔	2.6	4.5	241(48.4%)	263(52.8%)
	直接写去掉各单位后组合而成的数	26	45	26（5.2%）	23（4.6%）
	直接舍去后面小单位的数据	2	4	64（12.9%）	61（12.2%）
	舍去小单位的数据向最大单位的数进一	3	5	30（6.0%）	22（4.4%）
	其他（含空白答案）			59（11.8%）	83（16.7%）
⑧⑪	将小数点当成大小单位的分隔	5.5.5	8.8.8	83（16.7%）	79（15.9%）
	直接写去掉各单位后组合而成的数	555	888	27（5.4%）	23（4.6%）
	直接舍去后面小单位的数据	5	8	62（12.4%）	51（10.2%）
	舍去小单位的数据向最大单位的数进一	6	9	35（7.0%）	19（3.8%）
	其他（含空白答案）			117(23.5%)	152(30.5%)

《 小数的初步认识教学研究

（续表） 表 4-11

题号	错误类型	错误答案	错误人数（错误率）	
⑨⑫	直接写去掉单位的数	7	37（7.4%）	45（9.0%）
	直接舍去后面小单位的数据	0	46（9.2%）	54（10.8%）
	舍去小单位的数据向最大单位的数进一	1	51（10.2%）	42（8.4%）
	进率用反	70	0（0）	49（9.8%）
	其他（含空白答案）		139（27.9%）	174（34.9%）

　　单名数化成复名数的题目，因为给出了复名数的单位，学生会利用对位的方式来解决。学生在解答⑬⑯题时，出现的主要错误是将 6 和 7 理解成 6 分和 7 厘米；解答⑭⑰题出现的主要错误，是将百分位的 8 和 9 解读成了 8 角和 9 分米。将⑬⑭⑯⑰四题的错误答案合起来看，会发现学生对十分位和百分位的数字的实际意思不清楚，在解题过程中存在猜测的可能。从⑮题的主要错误中可以看出，学生会将小数点看成元、角或元、分的分隔，⑱题也有类似的错误，另外，学生对十分位上的数字的学习会受到整数十位上数字的负迁移，将十分位上的数字理解成几十。（如表 4-12）

表 4-12　小数意义之单名数化复名数错误类型情况统计

题号	错误答案		错误人数（错误率）	
⑬⑯	0 元 0 角 6 分	0 米 0 分米 7 厘米	74（14.9%）	53（10.6%）
	6 元 0 角 0 分	7 米 0 分米 0 厘米	38（7.6%）	44（8.8%）
	其他（含空白答案）		120（24.1%）	151（30.3%）
⑭⑰	1 元 8 角 0 分	8 米 9 分米 0 厘米	55（11.0%）	25（5.0%）
	其他（含空白答案）		85（17.1%）	73（14.7%）
⑮⑱	4 元 40 角 4 分	3 米 30 角 3 分	20（4.0%）	11（2.2%）
	4 元 44 角 0 分	3 米 33 分米 0 厘米	26（5.2%）	15（3.0%）
	4 元 0 角 44 分	3 米 0 分米 33 厘米	6（1.2%）	8（1.6%）
	其他（含空白答案）		37（7.4%）	53（10.6%）

从表 4-13 可以看出，小数化分数的题目，$a.b$ 写成 $\frac{a}{b}$ 的错误是最多的，其次是将 $a.b$ 写成 $\frac{b}{a}$。分数化小数的题目，学生出现了类似的错误，将 $\frac{b}{a}$ 写成 $a.b$ 或 $b.a$。从这些错误中看出，学生对分数与小数之间的联系并没有从分数与小数的意义去理解，而是直接将小数的整数部分和小数部分当作分数的分子和分母。

表 4-13　小数意义之小数与分数的联系错误类型情况统计

题号	错误答案	错误人数（错误率）	
A①、B①	八分之零	33（36.3%）	24（26.4%）
	零分之八	16（17.6%）	15（16.5%）
	一分之八	5（5.5%）	1（1.1%）
	八分之一	9（9.9%）	8（8.8%）
	其他（含空白答案）	10（11.0%）	24（26.4%）
A②、B②	3.10 元	22（24.2%）	15（16.5%）
	10.3 元	17（18.7%）	18（19.8%）
	其他（含空白答案）	23（25.3%）	30（33.0%）

表 4-14　小数意义之小数大小理解、估测错误类型情况统计

题号	错误答案	错误人数（错误率）	
A③、B③	A	5（5.5%）	4（4.4%）
	B	16（17.6%）	12（13.2%）
	空白答案	3（3.3%）	7（7.7%）
A④、B④	A	2（2.2%）	17（18.7%）
	B	20（22.0%）	12（13.2%）
	C	12（13.2%）	10（11.0%）
	E	11（12.1%）	14（15.4%）
	空白答案	1（1.1%）	4（4.4%）

从表 4-14 可以看出，小数大小理解的题目，认为 55.3 在 52—54 之间

的学生最多。访谈中了解到，学生看到55.3十分位上是3,3在2和4之间，所以就选了B选项。小数估测的题目，选1.1的学生认为比1多了一点就是1.1；选1.3的学生认为比1多的部分是大括号未括部分的3倍，所以是1.3；选1.5的学生认为第2个1元被分成了两份，一份就是0.5；选1.9的学生知道大括号括着的部分比1.5大，比2小。从这些错误可以看出，学生将整体1进行十等分的意识非常薄弱。

从表4-15中可以看出，A卷⑤题两个小题都有学生写了分数，不同的是图a因为只涂了第一个方框里的其中一个圆圈，所以学生将第一个方框的10个圆当作是单位"1"，而图b则将两个方框所有的圆当作单位"1"。图a答案是10.1的学生觉得方框里一共有10个圆，10写在整数部分，涂了其中一个，1写在小数部分，图b中答案是20.11的学生也是类似的想法。图a中答案是1.9和图b中答案是11.9的学生认为涂了几个圆，整数部分就是几，几个圆没涂就在小数部分写几。还有一个共同的错误是涂了几个就写几，如图a写1，图b写11。图b中答案是10.1的学生将第一个框中10个圆圈当作整数部分，第二个框中1个黑圆圈当作小数部分。学生解答B卷⑤题图a的主要错误是涂第一个框中的10个圆圈，这些学生将0.1当作1来处理；解答图b的主要错误是左右框各涂1个，这些学生认为第一个框表示的是整数部分，第二个框表示的是小数部分。

表4-15 小数意义之离散型图形表征错误类型情况统计

题号	错误答案	错误人数（错误率）
A⑤a	十分之一	6（6.6%）
	10.1	13（14.3%）
	1.9	4（4.4%）
	1	4（4.4%）
	其他（含空白答案）	16（17.6%）

（续表）

表 4-15

题号	错误答案	错误人数（错误率）
A⑤b	二十分之十一	3（3.3%）
	20.11	4（4.4%）
	11.9	6（6.6%）
	11	2（2.2%）
	0.1	4（4.4%）
	0.11	4（4.4%）
	10.1	7（7.7%）
	其他（含空白答案）	24（26.4%）
B⑤a	涂第1个框的10个	11（12.1%）
	涂第1个框的2个	4（4.4%）
	左右框各涂1个	4（4.4%）
	其他	12（13.2%）
B⑤b	左右框各涂1个	17（18.7%）
	涂20个	7（7.7%）
	涂2个	3（3.3%）
	其他（含空白答案）	21（23.1%）

从表 4-16 中可以看出，A 卷⑥题的两个小题的错误答案都出现了写成分数的错误类型，只是学生选择的单位"1"有不同，说明这样的图形唤起了学生的分数经验。两个小题都出现了涂了几格就写几的错误，说明这些学生用整数的思维来解决这样的题目。出现 10.3、20.15 这些错误答案的学生将每一小题平均分的份数当作整数部分，将涂色部分当作小数部分来处理。B 卷⑥题错误答案中出现了学生涂色块快涂满1格的现象，说明学生知道 0.8 比 1 小，但找错了单位"1"。访谈了答案是从上往下涂第 8 格的学生，他们说看到 8，就想到了第 8 格。

101

《 小数的初步认识教学研究

表 4-16　小数意义之连续型图形表征错误类型情况统计

题号	错误答案	错误人数（错误率）
A⑥a	十分之三	10（11.0%）
	10.3	12（13.2%）
	3	8（8.8%）
	其他（含空白答案）	21（23.1%）
A⑥b	二十分之十五	4（4.4%）
	十分之五	4（4.4%）
	20.15	4（4.4%）
	15	3（3.3%）
	10.5	4（4.4%）
	其他（含空白答案）	32（35.2%）
B⑥	涂快到 1 格	2（2.2%）
	从上往下涂第 8 格	3（3.3%）
	其他（含空白答案）	13（14.3%）

4.1.3　后测分析

> **思考**
>
> 　　对照前文中学生学前把握小数记数系统的状况，结合你的教学经验，预测一下学生学后把握小数记数系统的状况如何？

　　此部分是探究学生学后对小数记数系统的理解情况，从表 4-17 可以看出，包括小数的辨识、写法、读法、化聚、序列和稠密性六个方面。同样分成 A、B 卷，两张测试卷的小数辨识、小数写法、小数读法（1—4 题）题目相同；化聚、序列和稠密性的题目（5—8 题）数据相同，但 A 卷基于人民币单位，B 卷基于长度单位。选择了每所学校能力相当的两个班级分别测 A、B 卷。

表 4-17　小数记数系统正确率统计

知识点	题号	正确人数 / 人	正确率
小数辨识	A①、B①	239	93.0%
	A②、B②	108	42.0%
小数写法	A③、B③	219	85.2%
小数读法	A④、B④	185	72.0%
小数化聚	A⑤	118	90.8%
	B⑤	113	89.0%
	A⑥	124	95.4%
	B⑥	118	92.9%
小数序列	A⑦	77	59.2%
	B⑦	66	52.0%
小数稠密性	A⑧	18	13.8%
	B⑧	26	20.5%

从表 4-17 得知，小数记数系统的六个知识点，小数化聚的正确率最高，小数稠密性的正确率最低。小数辨识有两个小题，第 2 小题的正确率还不到 50%，说明学生即使学过了"小数的初步认识"这节课，还是不能从意义上去判断一个数是不是小数。A、B 卷中小数化聚相应题目的正确率不相上下，小数序列 A 卷题目的正确率比 B 卷高出了 7.2%，小数稠密性则是 B 卷题目的正确率比 A 卷高出了 6.7%。对学生进行访谈，发现以米为单位的题目学生因受到尺子的正迁移，正确率比较高，这说明长度单位系统的学习经验利于学生对小数稠密性的理解。

《 小数的初步认识教学研究

从表 4-18 可以看出，在小数的辨识方面，有 4.7% 的学生同意"小数就是小的数"这句话，有 19.5% 的学生认为 8848.43 不是小数，第 2 题中每一个数不是小数的选项都有学生认为是小数。这说明即使是学生学过小数，还是有部分学生对于"小数就是小的数""有点的数就是小数"的错误观念根深蒂固。小数写法出现的错误与前测中出现的错误一致，学生学后还是会受时间记法和整数读法的影响。小数读法前测中出现的最典型的错误是将小数部分按整数的读法来读，在后测中这种错误还是最多，占了 16.7%。出现"一二点一五"这种错误的百分比比前测高，说明学生在学后，其对整数部分的读法受到了小数部分的影响。在后测中有 2.3% 的学生按时间的形式读，说明小数读法也会受到时间读法的影响。

表 4-18 小数辨识、写法、读法错误类型情况统计

题号	错误类型	错误人数 / 人	错误率
①	小数就是小的数	12	4.7%
	空白答案	6	2.3%
②	0.50 不是小数	5	1.9%
	2000.9.8 是小数	56	21.8%
	3.1 是小数	85	33.1%
	"5·12"是小数	93	36.2%
	8848.43 不是小数	50	19.5%
	7:50 是小数	23	8.9%
	2:0 是小数	24	9.3%
③	18:007	10	3.9%
	18:07	4	1.6%
	18.07	15	5.8%
	18:7	5	1.9%
	18.7	4	1.6%

（续表） 表 4-18

题号	错误类型	错误人数/人	错误率
④	十二点十五	43	16.7%
	一二点一五	9	3.5%
	12元1角5分	5	1.9%
	12时15分	6	2.3%
	其他（含空白答案）	9	3.5%

前文提到在小数记数系统后测中，与小数化聚知识点有关的题目的正确率是最高的，通过对错误答案进行统计，发现出现的错误很集中。（如表 4-19）A、B卷第⑤题出现的主要错误答案是 5，这些学生将 0.1 当作 1 来处理；第⑥题出现的主要错误答案是 80，这部分学生对小数是计数单位叠加的结果理解得不够。小数序列题最主要的错误答案是将小数的小数部分和整数部分当成两个整数来处理，这些学生对小数的位值概念缺乏理解。小数稠密性的题目主要错误答案有三类：一是认为 7.3 和 7.4 之间没有小数，这些学生不知道小数与小数之间是可以进行等分的；二是认为有一个小数，通过访谈了解到这些学生觉得 7.3 和 7.4 中间有一个小数；三是认为有 10 个，他们认为把 7.3—7.4 再十等分，因此中间就有 10 个小数。

表 4-19 小数化聚、序列、稠密性错误类型情况统计

题号	错误类型	错误人数（错误率）	
A⑤、B⑤	5	6（4.6%）	7（5.5%）
	其他（含空白）	6（4.6%）	7（5.5%）
A⑥、B⑥	80	2（1.5%）	4（3.1%）
	其他（含空白）	4（3.1%）	5（3.9%）
A⑦、B⑦	10.10	38（29.2%）	35（27.6%）
	1	4（3.1%）	17（13.4%）
	其他（含空白）	11（8.5%）	9（7.1%）

《 小数的初步认识教学研究

(续表)　　　　　　表 4-19

题号	错误类型	错误人数（错误率）	
A⑧、B⑧	A	29（22.3%）	34（26.8%）
	B	24（18.5%）	27（21.3%）
	C	15（11.5%）	9（7.1%）
	D	41（31.5%）	26（20.5%）
	E	3（2.3%）	5（3.9%）

> **思考**
>
> 　　对照前文中学生学后理解小数意义的状况，结合你的教学经验，预测一下：学生学后理解小数意义的状况如何？

　　此部分是探究学生学后对小数意义的理解情况，包括单复名数互化、与分数的联系、大小理解、小数估测和图形表征。

　　从表 4-20 可以看出，单复名数互化的题目相对于别的题目来说，正确率最高。单名数化复名数和复名数化单名数的题目相比，正确率差不多，A、B 卷中不同单位的题目相比，正确率也相差不大。与分数联系的题目，A 卷中将分数化成小数的题目正确率高于将小数化成分数的正确率，B 卷中则是将小数化成分数的题目正确率高于将分数化成小数的正确率，说明学生在学后，答对分数化小数和小数化分数的题目情况不存在明显差别。对比 A 卷和 B 卷，A 卷中与分数的联系、大小理解和小数估测题目的正确率都比 B 卷相应题目的正确率高，说明学生即使是学后，人民币单位知识点还是利于学生解题的。图形表征题中，不管是离散型还是连续型，B 卷题目的正确率都要比 A 卷高得多，说明学生根据小数涂色掌握得较好，特别是根据纯小数在面积模型中涂色。对比离散型和连续型题目，连续型题目的正确率高于离散型相对应题目的正确率。

表 4-20 小数意义正确率统计

知识点		题号	正确人数/人	正确率
单复名数互化		A⑨	111	85.4%
		B⑨	118	92.9%
		A⑩	118	90.8%
		B⑩	113	89.0%
与分数的联系		A⑪	105	80.8%
		B⑪	96	75.6%
		A⑫	119	91.5%
		B⑫	90	70.9%
大小的理解		A⑬	111	85.4%
		B⑬	89	70.1%
小数的估测		A⑭	82	63.1%
		B⑭	68	53.5%
图形表征	离散	A⑮a	98	75.4%
		B⑮a	104	81.9%
		A⑮b	68	52.3%
		B⑮b	82	64.6%
	连续	A⑯a	103	79.2%
		B⑯	122	96.1%
		A⑯b	86	66.2%

与分数的联系的题目中将小数化成分数的主要错误答案是将 $a.b$ 写成 $\dfrac{a}{b}$，其次是将 $a.b$ 写成 $\dfrac{b}{a}$。分数化小数的题目，出现了类似的错误，即将 $\dfrac{b}{a}$ 写成 $a.b$ 或 $b.a$，这与前测中了解到的情况相一致。（如表 4-21）这说明即使在学后还是有部分学生没有从分数与小数的意义上去理解分数与小数之间的关系。大小理解的题目主要错误是认为 55.3 在 52 和 54 之间，访谈

《 小数的初步认识教学研究

中了解到这些学生还是被 55.3 十分位上的 3 误导。小数估测选 1.5 和 1.9 的居多,说明学生将单位"1"进行十等分的意识不够。

表 4-21 小数单复名数互化、与分数的联系、大小理解、估测错误类型情况统计

题号	错误类型	错误人数(错误率)	错误人数(错误率)
A⑨、B⑨	0.05	5(3.8%)	3(2.4%)
	其他	4(3.1%)	6(4.7%)
A⑩、B⑩	3分、3厘米	8(6.2%)	10(7.9%)
	其他(含空白答案)	5(3.8%)	4(3.1%)
A⑪、B⑪	八分之零	10(7.6%)	18(14.2%)
	零分之八	4(3.1%)	9(7.1%)
	其他	11(8.4%)	4(3.1%)
A⑫、B⑫	3.10	5(3.8%)	8(6.3%)
	10.3	9(6.9%)	20(15.7%)
	其他(含空白答案)	8(6.2%)	9(7.1%)
A⑬、B⑬	A	3(2.3%)	11(8.7%)
	B	16(12.2%)	16(12.6%)
A⑭、B⑭	A	5(3.8%)	8(6.3%)
	B	9(6.9%)	15(11.8%)
	C	20(15.3%)	13(10.2%)
	E	13(9.9%)	23(18.1%)

先分析 A 卷中图形表征题的主要错误。⑮题的图 a 要求写小数,主要错误是写成分数或写成 10.1。⑮题的图 b 主要错误是写成 0.1 和 0.11,前者是漏写了整数 1,后者是错将 11 个 0.1 写成 0.11。⑯题的图 a 主要错误是写成 10.3,平均分成 10 份,涂了 3 份,将平均分的份数写在了整数部分,涂的 3 份写在小数部分,除此之外写成分数的错误也较多。⑯题的图 b 出

现了很多类型的错误，每一种错误的学生都有自己的想法。B卷的第⑮题图a要求涂出0.1，涂成1的最多，涂成1.1的次之。⑮题图b要求涂1.1，左右各涂一格的最多。（如表4-22）不管是A卷还是B卷，出现的错误都与前测中出现的错误呈现一致性，这些错误说明学生对于一位纯小数和一位带小数的理解是不到位的，尤其是一位带小数。

表4-22 小数图形表征错误类型情况统计

题号	错误类型	错误人数（错误率）
A⑮a	十分之一	6（4.6%）
	1.0	4（3.1%）
	10.1	7（5.3%）
	其他（含空白答案）	12（9.2%）
B⑮a	涂1	12（9.4%）
	涂1.1	6（4.7%）
	其他（含空白答案）	5（3.9%）
A⑮b	0.1	19（14.5%）
	0.11	14（10.7%）
	10.1	6（4.6%）
	20.11	5（3.8%）
	11.9	4（3.1%）
	其他（含空白答案）	15（11.5%）
B⑮b	涂0.2	9（7.1%）
	左右各涂0.1	18（14.2%）
	涂2	9（7.1%）
	其他（含空白答案）	9（7.1%）

（续表） 表 4-22

题号	错误类型	错误人数（错误率）
A⑯a	10.3	12（9.2%）
	3.7	2（1.5%）
	十分之三	7（5.3%）
	其他（含空白答案）	6（4.6%）
B⑯	涂0.7	7（5.5%）
	涂0.1	5（3.9%）
	其他（含空白答案）	3（2.4%）
A⑯b	0.5	5（3.8%）
	1.05	3（2.3%）
	0.15	3（2.3%）
	20.15	4（3.1%）
	10.5	3（2.3%）
	二十分之十五	2（1.5%）
	十分之五	3（2.3%）

4.1.4 前后测的结论与启示

◎ **前后测得到的结论**

1）前测得到的结论

从前测结果来看，学前学生对于小数的相关知识已经积累了一定的经验，尤其是小数写法、单复名数互化、大小理解和图形表征，各项的平均正确率达到了约 50%。

①对小数记数系统的把握。

a. 小数辨识方面，学前有半数以上的学生误认为"小的数就是小数"，而对于小的数，不同的人又有不同的界定。

b. 小数读写法方面，写法上会受时间记法、整数读法和小数性质的影响，主要是出现漏0或添0、将小数点写成时间符号等错误；读法上也会受到时间读法的影响，主要是将小数部分也当作整数来读。

②对小数意义的理解。

a. 在单复名数互化上，不管是解读以元、米为单位的小数还是将几元几角几分、几米几分米几厘米转化为小数，学生都具备了一定的经验。其中顺向解读的经验高于逆向转化的经验；对于人民币制下顺逆向题目的经验高于米制系统下顺逆向题目的经验；所有互化问题里面最难的是将2元6分、4米5厘米转化成小数，学生会将小数点看成大小单位的分隔。

b. 与分数的联系方面正确率不高，学生会将 $a.b$ 写成 $\frac{a}{b}$ 或 $\frac{b}{a}$，将 $\frac{b}{a}$ 写成 $a.b$ 或 $b.a$。

c. 大小理解方面学生掌握得较好。

d. 在用小数进行估测时，学生很少能用十等分的策略，不清楚小数部分与单位"1"之间的关系。

e. 在小数图形表征方面，根据小数涂色的正确率高于根据涂色部分写小数的正确率。学生未能从十等分的角度去理解小数部分，即使涂对或写对的学生也不一定真正理解小数的意义。

2）后测得到的结论

总体来说，通过学习，学生小数各方面知识水平都有所提升，但在小数稠密性、小数序列、小数估测和图形表征上还需进一步加强。

①对小数记数系统的把握。

a. 小数辨识方面，"小数就是小的数"的错误观念没有全部消除，又增加了新的错误"有点的数就是小数"。

b. 小数的读写，在写法上与时间或整数读法混淆还是常见错误，读法上的常见错误则是将小数部分当成整数读或是整数部分的读法受小数部分影响。

《小数的初步认识教学研究

c. 小数的化聚掌握得不错。

d. 小数序列只有半数学生掌握，主要错误还是将小数的整数部分和小数部分单独当作两个整数来看。

e. 学生没有形成小数稠密性的概念，这与文献中查到的相关资料不符。

②对小数意义的理解。

a. 单复名数互化掌握得不错。

b. 与分数的联系出现的主要错误与前测的结论一致。

c. 大小理解经过教学，学生的提升并不大。

d. 小数的估测依然是学生理解的难点，即使是学后，学生还是不能自如地使用十等分策略。

e. 图形表征方面总体正确率都不是很高，与前测一致，依然是根据小数涂色的正确率高于根据涂色部分写小数，带小数的正确率低于纯小数。

◎ 前后测对教学的启示

1）基于学生的已有经验组织教学

前测结果显示，对于小数的很多知识点已经有接近半数或超过半数的学生有正确经验，其他学生也有自己的想法，尤其是对于生活中以元、米为单位的小数的理解。建议在课的起始环节创设学生熟悉的生活情境，激发学生的已有生活经验，基于经验进行概念的建构。在访谈中发现学生对表示价格的小数、抢红包产生的小数和表示身高的小数较为熟悉，建议导课阶段创设这样的情境。在主体探究环节搜集学生生成的正确素材和错误素材，组织学生对生成的素材进行分析、归类和归因，从而实现有效教学。

2）复习生活中不常用的单位

生活中分币已经消失，虽然标价中会出现几分，但付的钱却是几元几角。对于长度、高度的描述，生活中除了类似"1米3"的说法会涉及"分米"这个单位（学生也不一定知道1米3指的是1米3分米），学生用的厘米尺、米尺量出来的长度都是（　）厘米、（　）米（　）厘米这样表述的。在测查及访谈中发现，学生对"分""分米"有所遗忘，联系生活，出现这种现象是正常的。但在学习"小数的初步认识"这一内容时，"分"

"分米"与其他的货币、长度单位有着同样重要的作用,所以建议在学习小数之前,对"元、角、分""米、分米、厘米"进行复习,以扫清知识基础方面的障碍。

3）借助对比突破小数的辨识和读写

前文中提到,学前有半数多的学生认为"小数就是小的数",学后又会认为"带点的数就是小数",建议在教学中通过对比消除这两个错误观念。一是通过整数和小数的对比,让学生感受到小数的外部特征,忽略数的大小；二是通过对带有不同的点的数的对比,让学生进一步感受到并不是带点的数就是小数,而要分析"点"表示的含义。对于小数的读写,实际上只要突破了读法,写法就自然掌握。教学读法时要注意对比小数部分和整数部分的不同,通过打比方"小数部分就像读电话号码一样"突破难点。知道了小数部分要逐个读出每一个数字,那么写的时候只要怎么读就怎么写就可以了。

4）教学过程中凸显"整体1"

测查显示很多学生将 $a.b$ 看成 $\frac{b}{a}$ 或 $\frac{a}{b}$，将 $\frac{b}{a}$ 看成 $a.b$ 或 $b.a$，在小数序列的测查中又有很多学生认为 10.9+0.1 是 10.10。这些错误表明学生不明白小数点左右两边所表示的意义、小数点的作用以及小数点两边数之间的关系,他们将小数点左右两边的数当作两个独立的整数看待。要让学生明白小数点左右两边的数所表示的意义,我们认为首先要强调小数的"整体1",如2.3元,"整体1"是1元,整数部分的2表示有两个1元,小数部分的3表示将"整体1"平均分成10份,每份是0.1元,3份是0.3元。除了借助教材中提供的连续量的情境强调"整体1"外,建议加入一些离散量的情境,如一串冰糖葫芦有10颗,3.5串有几颗。在多元情境中让学生理解小数中的"整体1"就是分数中的"整体1"。

5）让学生经历十等分、百等分及单位累加的过程

为了消除学生将小数点左右两边的数当作两个独立整数来看待的错误想法,除了凸显"整体1",在教学中还要强调让学生经历十等分、百等分

的过程，在动手中加深印象。很多教材非常重视纯小数与十进分数之间的联系，然而教材只是要求学生用数表示阴影部分，并没有设计十等分的活动，我们觉得这样做学生可能只会关注涂色的那一份或几份，却忽视了"整体1"被等分成几份。建议教学中提供空白的正方形或其他形状的图形，让学生经历十等分、百等分的过程，积累基本经验，加深印象。此外，为了让学生理解"小数序列"这一概念，当学生经历十等分、百等分产生小数的计数单位后，可结合面积模型或者计数器，采用单位累加的形式进行其他小数的学习，如3个0.1就是0.3。这样的视觉表征可让学生轻松地掌握像0.9进位至1.0、0.99进位至1.00这样的小数序列概念。

6）利用数线的无限分割，加强小数稠密性概念的教学

后测结果显示，只有不到20%的学生理解小数的稠密性概念。小数的稠密性与整数的离散性有区别，与分数的稠密性相类似，虽然这个特性不属于小学数学的学习范围，但我们觉得在教学中教师应该采取相应的措施让学生有所理解。比如，学生有直尺划线的经验，且直尺又具有十等分的属性，教师可从直尺中引入数线的学习，不仅可以激发学生的兴趣，还能让学生感受到0和1之间、1和2之间……还藏着很多数。借助直尺抽象出数线后，再借助课件分步展示将数射线十等分再十等分，让学生不断感受细分的过程，逐渐体会两个小数之间还存在着无数个小数。

7）借助多元情境，培养小数的估测能力

估测实际上是对小数基本概念的应用，学生必须明确地知道"整体1"是什么，并明白各计数单位之间十等分的关系才能进行估测。如果按照上面的建议实施教学，学生的估测能力定会有提高。但除上述建议，我们觉得教师还应创设多元化的情境让学生经历估测的过程。如提供长度的情境、面积的情境、容量的情境等，在各种不同的情境中经历估测，使学生进一步感知比较隐性的"整体1"，体会小数部分所对应的大小，会用小数表示对应的数量。

4.2 其他相关研究
4.2.1 学生对小数意义两种模型理解的对比研究

初步认识小数要基于学生的生活经验，而在生活中，学生比较常见的小数有两类，一是以"元"为单位的小数（下文简称为"人民币制"），二是以"米"为单位的小数（下文简称为"米制"）。通过阅读发现，教材和已有的教学设计都非常强调从学生的生活经验出发，借助"人民币制"和"米制"两种具体的模型帮助学生理解小数的意义。但仔细分析存在着两个很大的不同：一是有的将"人民币制"模型作为例题素材，将"米制"模型作为练习素材，有的刚好相反；二是有的提出的是像"王东身高1米3分米，只用米作单位怎样表示？"这样的将复名数"逆向转化"成小数的问题，而有的直接出示物品的小数形式的标价让学生"顺向解读"。

◎ 研究问题的提出

对于三年级下册即将学习"小数的初步认识"的孩子来说，"人民币制"和"米制"两种模型，哪一种模型积累的经验丰富？"逆向转化"问题和"顺向解读"问题又是哪一种积累的经验丰富？根据平时的经验，我们可能会做出这样的判断，学生对于"人民币制"模型的经验优于"米制"模型；"顺向解读"小数的经验优于"逆向转化"。是不是真的这样？百分比各有多少？差异大吗？我们对学生进行了两种模型以及"顺向解读"和"逆向转化"的对比研究。

◎ 研究的过程与结果

1）问卷设计

设计了两张问卷，A卷是"人民币制"模型的问题，B卷是"米制"模型的问题，涉及的数据完全相同。

《 小数的初步认识教学研究

A卷：

1.（1）1角可以写成$\frac{(\quad)}{(\quad)}$元，也可以写成（　　）元。

（2）1分可以写成$\frac{(\quad)}{(\quad)}$元，也可以写成（　　）元。

2.（1）0.3元是多少钱？（　　）。0.3元 = $\frac{(\quad)}{(\quad)}$元。

（2）0.03元是多少钱？（　　）。0.03元 = $\frac{(\quad)}{(\quad)}$元。

3.（1）1元 =10角，下图中1个 ⬤ 是1角，请在图中用铅笔涂出$\frac{2}{10}$元。

（2）1元 =100分，下图中1个 ⬤ 是1分，请在图中用铅笔涂出$\frac{2}{100}$元。

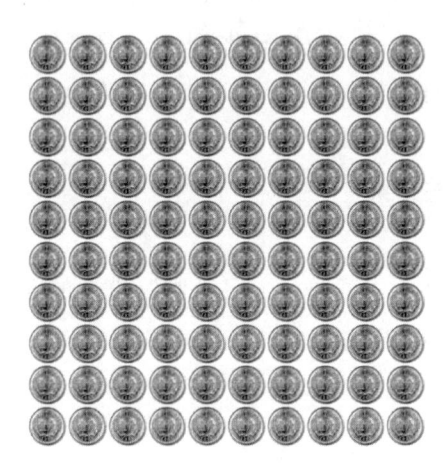

4 学生研究

B 卷：

1.（1）1 分米可以写成 $\frac{(\quad)}{(\quad)}$ 米，也可以写成（　）米。

（2）1 厘米可以写成 $\frac{(\quad)}{(\quad)}$ 米，也可以写成（　）米。

2.（1）0.3 米是多长？（　）。0.3 米 = $\frac{(\quad)}{(\quad)}$ 米。

（2）0.03 米是多长？（　）。0.03 米 = $\frac{(\quad)}{(\quad)}$ 米。

3.（1）1 米 =10 分米，请在下面的尺子图中用笔标出长 $\frac{2}{10}$ 米的一段。

（2）1 米 =100 厘米，请在下面的尺子图中用笔标出长 $\frac{2}{100}$ 米的一段。

2）测查安排

2017 年 3 月，选择使用人教版教材和浙教版教材的学校各两个，在每个学校中选择基础相当的两个三年级班级，分别使用 A、B 卷进行测查。参与 A 卷测查的共 158 人，参与 B 卷测查的共 156 人。

3）结果分析

① "人民币制"模型和"米制"模型题目准确率对比。（见表 4-23）

表 4-23 "人民币制"模型和"米制"模型题目准确率对比统计

A 卷	题号	1（1）	1（2）	2（1）	2（2）	3（1）	3（2）
	准确率	86.6%	69.6%	63.7%	58.2%	88.5%	69.6%	80.9%	52.5%	84.7%	80.9%
B 卷	题号	1（1）	1（2）	2（1）	2（2）	3（1）	3（2）
	准确率	65.0%	44.5%	43.8%	27.8%	45.8%	48.3%	44.5%	29.5%	59.9%	43.8%
准确率差	21.6%	25.1%	19.9%	30.4%	42.7%	21.3%	36.4%	23.0%	24.8%	37.1%

《 小数的初步认识教学研究

每张问卷中各有 10 个小题,从表 4-23 可以看出,不管是哪一个题,"人民币制"模型题目的准确率都比"米制"模型题目的准确率高出很多。尤其是"0.3 元是多少钱?"和"0.3 米是多长?"这两个问题,学生对于 0.3 元解读的正确率比 0.3 米高出了 42.7%。说明学生对于"人民币制"模型的经验比"米制"模型的经验好得多,特别是对以元为单位的一位小数的解读,将近 90% 的学生能正确解决。

② "逆向转化"和"顺向解读"准确率对比统计。(见表 4-24)

表 4-24 "逆向转化"和"顺向解读"准确率对比统计

		第 1 组	第 2 组	第 3 组	第 4 组
逆向转化	题目	1 角 =( )元	1 分 =( )元	1 分米 =( )米	1 厘米 =( )米
	准确率	69.6%	58.2%	44.5%	27.8%
顺向解读	题目	0.3 元是多少钱?	0.03 元是多少钱?	0.3 米是多长?	0.03 米是多长?
	准确率	88.5%	80.9%	45.8%	44.5%
准确率差		18.9%	22.7%	1.3%	16.7%

从表 4-24 可以看出,所有的"顺向解读"小数题目的准确率均高于"逆向转化"小数题目的准确率。第 1、2、4 组"顺向解读"题目的准确率均比"逆向转化"的准确率高出 20% 左右,只有第 3 组的两道题目准确率不相上下,都不到 50%。这说明学生对于"顺向解读"问题的经验优于"逆向转化",但在"米制"模型中,不管是"逆向转化"问题还是"顺向解读"问题,超过半数的学生都认为其有难度。

◎ 对教学的启示

基于以上研究,对"小数的初步认识"一课模型的使用顺序和研究问题的提出有两点启示。

1)"人民币制"模型作为例题素材更利于激发学生的已有经验

从表 4-23 的数据中我们可以看出,即将学习"小数的初步认识"的孩子,对于"人民币制"模型积累的经验明显高于"米制"模型积累的经验。杜威说:"由生活经验向科学概念的运动过程就是教学。"为了让学生的生活经验真正在概念学习中发挥作用，将"人民币制"模型作为例题素材比较合适。

但"人民币制"模型有一个弊端，就是不利于学生对连续量的理解。所以我们建议在用"人民币制"模型展开新授教学的基础上，在习题中引进"米制"模型，放手让学生通过正迁移，自主理解以米为单位的小数。这样的补充不仅可以丰富小数的具体模型，还可以有效地补充"人民币制"模型的不足。

2）"顺向解读"小数的研究问题更利于激发学生的已有经验

从表4-24的数据中知道，学生对于"顺向解读"问题的解决经验明显优于"逆向转化"问题的解决经验，尤其是"顺向解读"以元为单位的一位、两位小数，准确率高达88.5%、80.9%。通过访谈，大部分能解决的学生都说在超市买东西的时候看到的就是这样的数，大人们告知过表示多少钱；还有少部分学生说微信抢红包，抢到红包的钱就是这样表示的。所以，为了让学生在解决问题时经历一个经验激发、主动思考的催生过程，提出"顺向解读"小数的研究问题比较合适。

4.2.2 三下学生"小数内容提问"的研究

《义务教育数学课程标准（2011年版）》在课程总目标中规定："通过义务教育阶段的数学学习，学生能：体会数学知识之间、数学与其他学科之间、数学与生活之间的联系，运用数学的方式进行思考，增强发现和提出问题的能力、分析和解决问题的能力。"从"分析和解决问题能力"到"发现和提出问题、分析和解决问题能力"被看成是该标准关于课程目标的重大进展之一。这也凸显了增强学生发现和提出问题能力的重要性。在学习"小数的初步认识"一课前，学生看到课题，会从哪些角度提问？分别提出哪些问题？各种角度的问题占全部问题的百分比是怎样的？为了了解以上问题，我们对学生的提问情况进行了测查。

◎ 测查题目与过程

1）测查题目

小朋友们，我们马上就要学习"认识小数"这一课了，看到这个课题，你能提出什么问题？请把你的问题写在下面。（标上序号哦！）

《 小数的初步认识教学研究

2）测查过程

2016年4月，从嵊州市某小学抽取了一个班，共42名学生进行测试。该学校使用的是浙教版小学数学教材，"认识小数"内容安排在三年级下册第四单元，与"分数的初步认识"安排在同一单元。测试时学生已学完关于分数的知识。以班级为单位测试上面的问题，不提供任何帮助，测试时间为20分钟。

◎提出问题的类型

在统计分析时，对于问题是否有效的判断标准比较宽容，在语言表达上不纠缠于字词的细节，主要看这个问题说了什么。42名被试学生共提出345个问题，平均每人提出8.2个。其中提出问题最多的有16个，最少的只有2个。

对所有问题进行分类统计，发现学生提出的问题可以分成8类。像"为什么创造小数？小数是怎么产生的？为什么学习小数？学了小数有什么用？生活中哪里有小数？"这类问题，我们把它归为"小数产生的必要性、过程及价值"一类。将"小数为什么叫'小数'？"归为"'小数'名称的来历"。将"小数是什么？小数怎么理解？小数就是比1小的数吗？"等问题归为"什么是小数"。将"小数怎么读写？小数的读法和写法和整数一样吗？"等问题归为"小数的读写"。将"认识小数我们会学到哪些知识？小数有加减乘除吗？"等问题归为"包含的学习内容"。将"小数难吗？"等问题归为"难易程度"。将"小数和分数有什么关系？小数和学过的1、2、3……有什么关系？"等问题归为"与其他知识的关系"。将"怎么认识小数？认识小数有什么诀窍？"等问题归为"学习小数的方法"。每一类问题所占的百分比见表4-25（表中百分比为近似值）。

表4-25 学生提出的问题的分类统计表

类别	小数产生的必要性、过程及价值	"小数"名称的来历	什么是小数	小数的读写
个数（百分比）	99（28.7%）	9（2.6%）	135（39.1%）	4（1.2%）
类别	包含的学习内容	难易程度	与其他知识的关系	学习小数的方法
个数（百分比）	51（14.8%）	14（4.1%）	29（8.4%）	4（1.2%）

学生提问的角度很多，从所占百分比可以看出对于"小数"这个新内容学生最想了解或存在最大疑惑的是哪类问题。以上八类问题，提出什么是小数，产生的必要性、过程及价值，包含的学习内容，与其他知识的关系问题的百分比分别位居一、二、三、四。提出"什么是小数？"问题的占了39.1%，学习一个新知，首先要知道是什么，学生提出这么多此类问题，说明对小数的认识程度还不高，迫切想得到解决。提出小数产生的必要性、过程及价值的问题占了28.7%，说明学生不仅想知道小数是什么，更想知道知识的来龙去脉。提出小数包含的学习内容的问题占了14.8%，学习一个新知，从某种意义上说学习的是一个新的知识网络，学生能从这个角度提出问题，实际上是连带出了很多新的问题。学一个概念除了了解概念本身之外，还有一个重要任务是了解概念与概念之间的关系，有8.4%的学生提出了关于关系的问题，能自发地与以前学的分数等知识建立联系，实属难得。

从难易程度、小数名称的来历、学习小数的方法、小数的读写这四个方面提出的问题不多，但也不容小觑，特别是前三个方面。小数名称的来历的问题占了2.6%，给一个东西命名，可能其中就蕴涵着某种深刻的想法。学生会从难易程度方面提问，提醒我们在学习一个新内容时，要关注学生情感态度，消除其畏难情绪。能从学习小数的方法方面提出问题的学生的知识水平属于较高层次，其他问题都是关注知识或知识与知识之间的关系，从方法的层面提问可以看出学生真正地学会了学习。

◎ **对教学的启示**

1）经历自主发现和提问的过程

从以上对学生提问的分析中发现，如果给学生一方自由的天空，他们必会还我们意想不到的精彩，提问的质和量让我们刮目相看。建议上课时，直接给出课题，给予充分的思考时间，让学生经历自主提问的过程，然后在师生交流中形成本节课研究的核心问题：小数的产生和价值、什么是小数、小数与其他知识的关系等。对于本节课没能研究的问题建议记录在"问题银行"或"班级提问角"中。让学生经历自主发现和提问的过程，可以让学生积累发现和提出问题的经验，有利于学生理解相应的概念和方法，提高其解决问题的能力，

《 小数的初步认识教学研究

而且还可以提高学生学习的兴趣和主动性,促进学生创新意识的培养。当然,在学习完一节课的内容后,同样可以鼓励学生提出进一步想要研究的问题。

2)经历或了解知识发生发展的过程

从表4-25中我们发现,有28.7%的学生期待了解小数产生的必要性、过程及价值,这一结果启发我们要让学生经历或了解知识发生发展的过程。为了达成这一教学目标,在教学中我们可以有不同的处理方式。一是将小数的历史以知识拓展的方式介绍给学生,让学生了解小数的产生、发展及运用,这种方式属于被动地接受。二是让学生经历"小数"再创造的过程。史宁中教授指出,建立小数的概念,一方面是为了现实世界中数量表达的需要,另一方面是为了数学本身的需要。我们可以按照史教授的观点创设、创造小数的情境,如一种文具在7元和8元之间,由于生活的需要所以产生了小数。或者是为了在数位顺序表中记录0.1元,需要创造一个新的数位。让学生经历或了解知识发生发展的过程,能够让学生感受到新知学习的必要性和价值。

3)理清与其他知识的关系

表4-25中显示,有8.4%的学生提出了与其他知识联系的问题,说明这部分学生有将新知放进知识网络中思考的良好习惯。数学概念不是孤立的,它有一个重要特征是它们都被嵌入组织良好的概念体系中。学生理解一个概念就必须围绕这个概念逐步建立一个概念网络。因此,我们建议要将小数放在知识网络中学习,在已学的整数、分数等数网中引进新知,通过分数的部分与整体关系或利用整数的位值概念建构概念,梳理知识结构,建立知识网络,明晰与其他知识的区别。

4)回顾数的认识学习方法

从表4-25中发现,有1.2%的问题是属于方法层面的,虽然占比很少,但也从中看出了学生对于学习方法的关注。"授人以鱼不如授人以渔"讲的就是方法的重要性。我们建议在学习小数之前,可以带领学生对学习其他数的方法进行回顾,如我们是如何学习整数的?我们是如何学习分数的?这些方法是否可以用到小数的学习中?如我们通常让学生用图形表示出一个分数的意思,那么是不是可以用一个图形表示出小数的意思?通常在学习了几分之一后学习几分之几，那么是不是也可以在学习了 0.1 后再学习零点几？内容虽异，但方法可循。经历这些方法的回顾和迁移的过程，利于学生真正地学会学习。

4.2.3 三下学生"表征 0.1"能力的研究

所谓表征是用某一种形式，将事物或想法重新表现出来，以达到交流的目的。在正式学习小数之前，有多少学生能正确表示 0.1？采用了哪些表征方式？各种表征方式分别占了百分之几？错误表征里各种类型的百分比又是怎样的？为了解以上问题，我们对学生进行了测查。

◎ 测查题目与过程

1）测查题目

你觉得 0.1 是什么意思？请你用画图、文字等方法说明。（能用几种方法就用几种方法，给每种方法标上序号。）

2）测查过程

2016 年 4 月，从嵊州市某小学抽取了一个班，共 42 名学生进行测试。该学校使用的是浙教版小学数学教材，"认识小数"内容安排在三年级下册第四单元，与"分数的初步认识"安排在同一单元。测试时学生已学完关于分数的知识。以班级为单位测试上面的问题，不提供任何帮助，测试时间为 20 分钟。

◎ 测试结果分析

1）正误情况分析

被测的 42 人中，其中 41 人用两种或两种以上的形式表示了自己对 0.1 的理解，有的学生列出的所有表征全部正确，有的学生有部分是正确的，还有的学生所有表征都是错误的。具体情况如表 4-26（表中百分比为近似值）。

表 4-26 学生表征 0.1 正误情况统计表

答案	全对	有对有错	全错	空白
人数	10	21	10	1
百分比	23.8%	50.0%	23.8%	2.4%

《 小数的初步认识教学研究

从上表可以看出，在没有任何提示的情况下，有73.8%的学生能用全部或部分正确的方式对0.1进行表示，说明绝大部分学生对小数的知识不是一片空白。

2）表征类型分析

本次测查试题一共出现了192种表征，对出现的表征按类型进行统计，具体情况见表4-27（表中百分比为近似值）。

表4-27 0.1表征类型统计分析表

表征形式	非意义的理解	对意义的理解					合计
		情境表征	语言表征	图像表征	情境和图形结合	符号表征	
正确表征（百分比）	22（11.5%）	18（9.4%）	7（3.6%）	18（9.4%）	6（3.1%）	13（6.8%）	84（43.8%）
错误表征（百分比）	31（16.1%）	12（6.3%）	10（5.2%）	42（21.9%）	7（3.6%）	6（3.1%）	108（56.3%）
合计	53（27.6%）	30（15.6%）	17（8.9%）	60（31.3%）	13（6.8%）	19（9.9%）	192（100%）

从上表可以看出，192种表征里有108种是错误的，占了总数的56.3%；84种是正确的，占了43.8%。先将所有表征分成两大类，一类是非意义的理解，如0.1是小数、0.1是重量等，共占了27.6%，其中11.5%是正确的，16.1%是错误的。第二类是对意义的理解，占了72.4%。

对意义的理解分成五种类型来分析，分别是情境表征、语言表征、图像表征、情境和图形结合、符号表征。

①情境表征是指对0.1赋予具体的量来理解，占了15.6%。其中正确的表征如0.1元是1角、0.1厘米是1毫米等，占了9.4%；错误的如0.1是1分钟中的1秒等占了6.3%。

②语言表征是指用程式化的语言来表达对0.1的理解，占了8.9%。正确的表征如把一样东西平均分成10份，其中的一份就是0.1，占了3.6%。错误的表征占了5.2%，主要错在没有说明平均分、分成几份或表示其中的

几份，如把一个图形分成几份，其中的一份的一半就是0.1；把一个东西分成几份，其中的一份就是0.1。

③所有表征类型中，图像表征的使用比例最高，占了31.3%，其中正确的占了9.4%，错误的占了21.9%。图像表征可分成离散型图像表征（如图4-1）和连续型图像表征（如图4-2）。

图 4-1 离散型图像表征   图 4-2 连续型图像表征

对正确的图像表征进行细致化的分析，发现其存在不同的水平，如图4-3和图4-4，都用了长方形和线段，但图4-4标出了单位"1"的，显然这些学生在单位"1"的关注度上强一些。

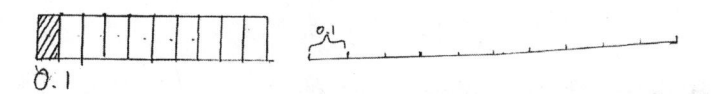

图 4-3 未标出单位"1"的正确图像表征

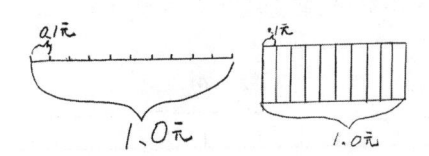

图 4-4 标出单位"1"的正确图像表征

错误的图像表征占了很高的比例，这些作品同样存在价值，因为错误的理解里藏着学生一部分正确的想法。错误图像表征的作品如图4-5，从中可以看出学生知道0.1表示的是一个图形的一部分。

《 小数的初步认识教学研究

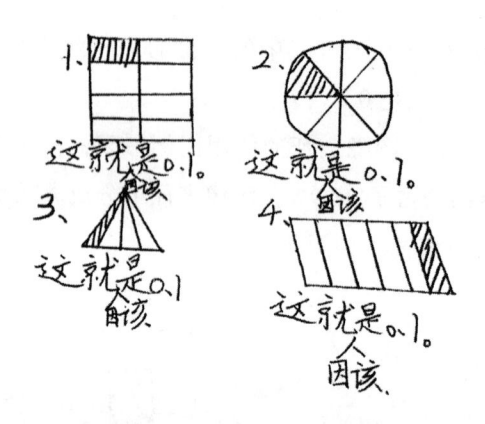

图 4-5 错误的图像表征

④一种理解里既有情境又有图形的占了6.8%，其中正确的占了3.1%，错误的占了3.6%。如图4-6，第一幅作品赋予了具体量——元与角，并画出了图，第二幅作品添加了质量单位并画出了图，两幅作品的理解都是正确的。图4-7添加了长度单位，画出了图形，但理解是错误的。

图 4-6 既有情境又有图形的正确表征

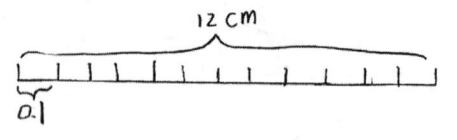

图 4-7 既有情境又有图形的错误表征

⑤符号表征是指用数学符号表示对0.1的理解，此类型的表征占了9.9%。$0.1=\frac{1}{10}$、$1÷10=0.1$、$0.1×10=1$等是正确的符号表征，占了6.8%。$1-10=0.1$、$1-2=0.1$、$0.1=\frac{1}{1}$等是错误的符号表征，占了3.1%。

◎对教学的启示

1）合理设置学习材料，让学生经历多元表征的过程

小数对于学生来说并不是一无所知，在正式学习之前，他们对于小数的理解是怎样的？测查证明，学生的已有认知非常丰富。建议在组织教学时给学生足够的时间和开放的空间让其对新概念做出表述甚至做出自己的定义，这样可以让我们及时调整教学目标，还可以利用生成的材料组织教学。但在正式学习前让学生用多种方法表征对新概念的理解是一个开放度极高的活动，我们建议在组织教学时适当缩小材料的开放度，如可以让学生多元表征对 0.1 元的理解。

2）合理使用生成材料，引导学生在表征间自如转换

从以上对测查材料的分析中可以发现，学生生成的材料是相当丰富的，这些材料类型不同，水平层次也不同。建议在课堂上遵循从低水平到高水平的展示顺序，如可以先展示情境表征材料，让学生结合具体情境理解 0.1 的意义，然后展示图像表征中的错例，让学生结合具体情境对错例进行分析，再展示正确的图像表征，在此基础上完善语言表征和理解符号表征。经历这样的过程可以让不同层次的学生在经历交流后思维水平都得到逐步提升，从而能理解各种层次的表征。当学生说理解了某个数学概念，实际上是指他能够自如地在各种表征间进行转换。所以，在理解的基础上，教师还要引导学生对多种表征进行对比，提炼共性，明确差异，并通过一些针对性的训练让学生形成在表征间灵活转换的能力。

4.2.4　三下学生"数线上标小数"能力的后测研究

在小学数学教学中，教师通常会通过许多表征方式进行教学活动。数线作为学习"数"的重要材料，经常出现在学习整数、分数以及小数等内容中。在三年级下册"小数的初步认识"的学习中，教材大量运用了数线这一表征方式帮助学生理解小数的意义，在教材配套的练习册中也经常出现有关数线的练习。三下已经学过"小数的初步认识"，经历过期末复习和期末检测的学生，对"数线上标小数"这一知识点的理解达到了什么程度？为了解学生的真实掌握情况，我们设计了相应的后测题，对学生进行

《 小数的初步认识教学研究

了测查。

◎ **测查题目**

①号方框和②号方框里应填哪个小数,填一填,并在横线上写一写你的想法。

①号方框里应该填(　　),想法:_____

_____

②号方框里应该填(　　),想法:_____

_____

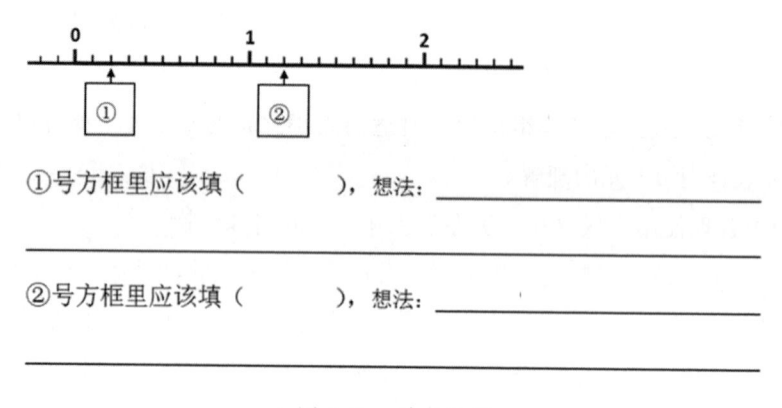

图 4-8　测查题目

◎ **研究的过程与结果**

2016 年 7 月 3 日,选择了两个班级的学生作为样本,共计 60 人。该批学生在三年级下册的最后一个单元学习了"分数的初步认识"和"小数的初步认识",并且已经完成期末复习和期末检测。在期末试卷上出现了"数线上标小数"的问题,但在测查前教师并没有对此问题的相关知识进行讲解。以班级为单位测试上面的题目(图 4-8),不提供任何帮助,也没有规定时间,学生认为已经完成就上交测试卷,如果认为自己不能解决该问题,也可以上交。

通过对测查结果的统计和分析,我们发现学生对于①号方框和②号方框的解答情况基本一致,所以在下面的水平层次讨论中,我们把两个方框的情况一起分析。根据答案是否正确,想法是怎样的,我们把学生的回答分成以下 5 个水平层次,具体见表 4-28。

表 4-28　学生"数线上标小数"能力的水平层次分析

水平层次	具体指标	人数	百分比	
水平 0	答案不正确，无视参考点的存在，直接将一小格当作 1。	2	3.3%	10.0%
水平 1	答案不正确，直接将一小格当作 0.1，但数的方法有误。	4	6.7%	
水平 2	答案正确，直接将一小格当作 0.1，整数几过去几小格就是几点几。	28	46.7%	90.0%
水平 3	答案正确，先考虑区间，然后直接将一小格当作 0.1，整数几过去几小格就是几点几。	7	11.7%	
水平 4	答案正确，能从进率或十等分的角度思考。	19	31.7%	

水平 0 与水平 1：答案错误，占 10.0%。水平 0 的两个学生（如图 4-9）无视题目中给定的参考点 1、2，觉得 0 的后面相继应该是 1、2、3……所以①号方框里填 2，②号方框里填 12。这样的错误在前测中出现得较多。

①号方框里应该填（ 2 ），想法：0的后面分别是1,2,3…

②号方框里应该填（ 12 ），想法：一直数下去刚好数到12。

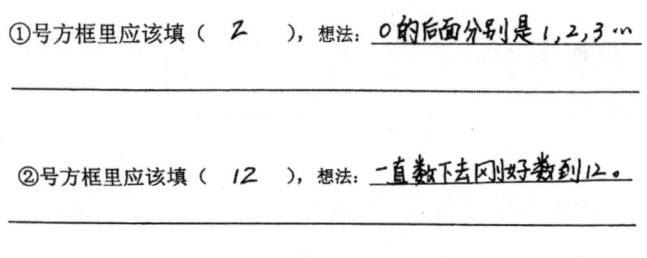

图 4-9　水平 0 的学生作品

水平 1 的四个学生在数的方法上明显存在错误（如图 4-10），他们将 0 所对的分隔线当作 0.1，①号方框箭头所指的分隔线是 0.3；将 1 所对的分隔线当作 1.1，②号方框箭头所指的分隔线是 1.3。这样的错误大量存在于前测中，说明部分学生采用数分隔线的方法时，会将起点的分隔线也数在其中。

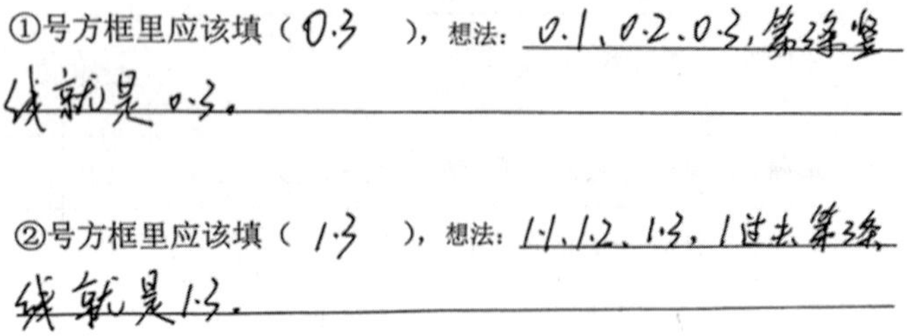

《 小数的初步认识教学研究

①号方框里应该填（0.3），想法：0.1、0.2、0.3，第三条竖线就是0.3。

②号方框里应该填（1.3），想法：1.1、1.2、1.3，1过去第3条线就是1.3。

图 4-10　水平 1 的学生作品

　　水平 2—4 答案正确，占了 90.0%。正确率高是否说明学生理解了"数线上标小数"的实际意义？从对具体想法的统计中，我们发现并不是如此。水平 2 的 46.7% 的学生认为 0 或 1 后面几格就是零点几或一点几（如图 4-11）；水平 3 的 11.7% 的学生先考虑箭头所指的位置处于哪两个整数之间（如图 4-12），再按照水平 2 的思考方式进行思考。从中可以看出，这些学生并不清楚 0.1 的意义，但也能成功地给出正确答案。

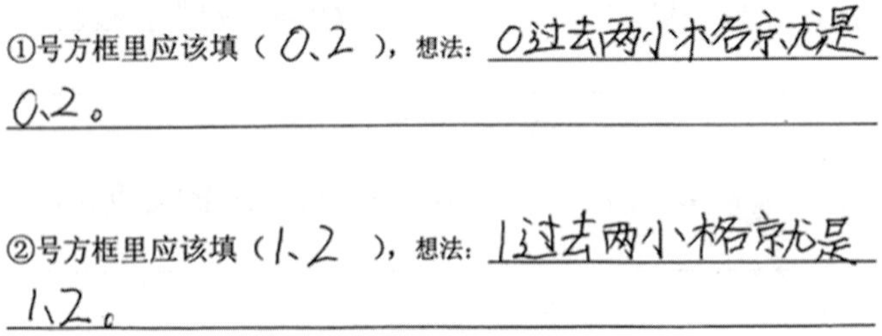

①号方框里应该填（0.2），想法：0过去两小格就是0.2。

②号方框里应该填（1.2），想法：1过去两小格就是1.2。

图 4-11　水平 2 的学生作品

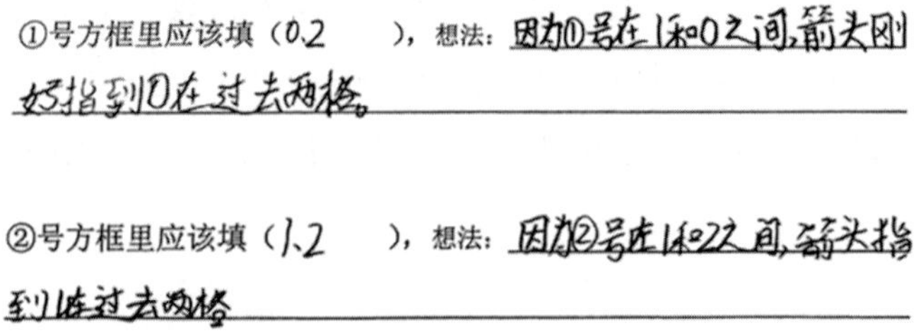

①号方框里应该填（0.2），想法：因为０号在1和0之间箭头刚好指到0在过去两格。

②号方框里应该填（1.2），想法：因为②号在1和2之间，箭头指到1后过去两格。

图 4-12　水平 3 的学生作品

130

4 学生研究

只有水平 4 的 31.7% 的学生能够从相邻两个计数单位间的进率或十等分的角度解决问题。(如图 4-13、图 4-14、图 4-15)

①号方框里应该填(0.2),想法:0 到 1 有十个格子,一个格子是 0.1,那两个格子亨尤是 0.2。

②号方框里应该填(1.2),想法:1 到 2 有十个格子,一个格子是 0.1,1 和 0.2 等于 1.1,那两个 0.1 亨尤是 1.2。

图 4-13 水平 4 的学生作品 1

①号方框里应该填(0.2),想法:0 到 1 之间平均分成 10 小格,一格表示 0.1,2 格就是 0.1+0.1=0.2。

②号方框里应该填(1.2),想法:1 到 2 之间平均分成 10 格,2 格是 0.2,0.2 再加上 1 就等于 1.2。

图 4-14 水平 4 的学生作品 2

①号方框里应该填(0.2),想法:因为 1÷10=0.1,所以一小格就是 0.1,有两格就是 0.2。

②号方框里应该填(1.2),想法:那里有 12 个小格,那就是 12 个 0.1,10 个 0.1 是 1,还有两格,就是 0.2,所以是 1.2。

图 4-15 水平 4 的学生作品 3

◎ 得出的结论与建议

1)结论

本次测查单从结果上看,正确率高达 90%,但分析学生的想法,只有

《 小数的初步认识教学研究

31.7%的学生能从相邻两个计数单位之间的进率或十等分的角度思考,说明学生对于在"数线上标小数"的实际能力不容乐观。常犯的错误有三种:①忽略数线所给定的参考点,直接将一小格当作1;②数格子的方法错误;③直接将一小格当作0.1。其中第三种错误最普遍,水平1—3共65%的学生犯了这个错误。

从问卷中学生的想法和对部分错误学生的访谈中得知,错误的学生缺少解决数线问题前先寻找整体"1"和确定将整体"1"几等分的意识。当建议部分学生先找出整体"1"时,又发现他们在数线上找整体"1"存在困难。

2)建议

根据以上结论,对教学有以下四点建议。

①培养学生找整体"1"的意识。

从学生的想法中可以看出,水平0—3的学生在解决问题时,没有去分析问题中的整体"1"是什么以及将"1"平均分成了几份。在分数的教学中,比较强调把整体"1"进行平均分,分母表示"1"平均分成的份数,分子表示其中的几份。因为教学中强调,所以学生在进行分数的相关练习时能自觉地关注每个问题的整体"1"。在小数的学习中,由于大多数教材是在分数与小数的联系中引入小数的,学生在理解小数时,只关注了与分数的对应,而小数的整体"1"往往被忽视。尤其是学带小数的时候,整体"1"更容易被忽视。

建议教学中在加强小数与分数联系的同时,让学生借助多元情境,经历直接描述小数产生的过程,即"将( )平均分成10份、100份……,表示这样( )份的数就是零点几或零点零几……"。在语言描述中让学生感受到小数的整体"1"和分数的整体"1"同等重要,从而形成自动化的意识,即解释小数意义时先思考该小数的整体"1"是什么。联系到数线问题,在解决时第一步应先思考"把( )进行平均分"。

②凸显十等分的本质。

在小数的符号中,整体"1"被等分成多少份是隐含在数位中的,占多少份由小数点后的数位显示。当整体"1"被分成10的幂次方等份时,才能用小数表示。从测查中了解到，学生很难想到小数符号和 10 的幂次方等分割的关系。这与学生在"小数的初步认识"时所接触到的问题情境有关。以人教版教材为例，在"小数的初步认识"的学习中，教材呈现的都是十等分的例子：米与分米、元与角、面积形式的十格图、将整体"1"均分成 10 份的数线图等。这样的情境，学生即使不懂一位小数的意义，也知道 0.2 就是涂 2 格，0.5 表示数线中的 5 小格……所谓"熟悉的地方没风景"，十等分的情境无形中干扰了学生对小数本质的关注与把握。再加上教师在教学上不断强调 0.□ 和 $\frac{□}{10}$ 的对应关系，学生只关注到表示几份，而忽略了整体"1"被平均分成几份。

建议在使用了教材中列举的十等分的素材后，引导学生对所有的素材进行对比，从而发现使用的素材不同，但都表示把整体"1"平均分成 10 份、100 份……表示其中的若干份，促使学生从对个别具体量的感知跃升为一类现象的感知。在此基础上增加一些非十等分的问题。如类似图 4-16 的判断题，让学生在判断和说理中明晰十等分的重要性。或类似图 4-17 中的不是等分成十份的数线，在错误答案 0.2 和正确答案 0.4 的辩论说理中再一次聚焦十等分。

下面每个图形的阴影部分都能用 0.1 表示吗？为什么？

图 4-16　判断题

在方框里填上合适的小数。

图 4-17　数线题

《 小数的初步认识教学研究

③重视表征间的过渡。

经历了建议 1 和建议 2 的教学后,学生可能对于数线的理解还存在难度。因为之前所接触的线段模型(如图 4-18)和面积模型(如图 4-19),都是把整条线段或整个图形看作整体"1",小数表示的是线段中的一小段或图形中的一小块。

把 1 米平均分成 10 份,每份是 1 分米。

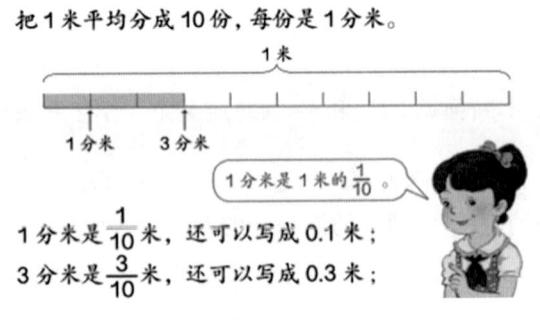

1 分米是 1 米的 $\frac{1}{10}$。

1 分米是 $\frac{1}{10}$ 米,还可以写成 0.1 米;

3 分米是 $\frac{3}{10}$ 米,还可以写成 0.3 米;

图 4-18　线段模型

把下面各图中涂色的部分用分数和小数表示出来。

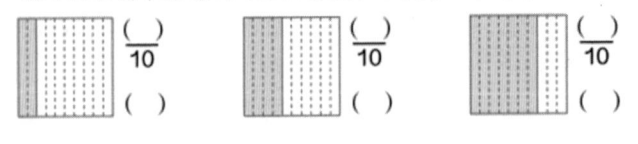

$\frac{(\ )}{10}$　　$\frac{(\ )}{10}$　　$\frac{(\ )}{10}$

$(\ )$　　$(\ )$　　$(\ )$

图 4-19　面积模型

而数线上除了 0 和 1 这两个数,还有 2、3、4 等数的存在,这给学生如何确立整体"1"带来了困惑。另外,数线上的小数表示两种含义:一是表示数与数线上的点之间的一一对应,如①号方框所指的点对应的数是 0.2;二是一个数与一段有向线段的对应,如 0 所对应的点到①号方框所对应的点之间的这一段是 0.2。学生之前接触的线段模型和面积模型对表示的第一种含义没有经验积累,对表示的第二种含义有经验积累,但因为数线问题中并没有标出有向线段,学生迁移起来有困难。

建议在教学时放慢从其他模型过渡到数线模型的过程,重视表征间的过渡。可以进行如下尝试:课件出示一根米尺,让学生用这根米尺量一量彩带的长度（长1.2米）。学生通常会想到两种方法，一是把超过1米的零头单独量，二是在原来米尺的后面再增加一根米尺。量出彩带后让学生继续思考，如果彩带超过2米，怎么办？超过3米呢？课件将4根米尺渐变成数线，并介绍：数线上的0、1、2、3、4……都是以前学过的数，叫自然数。接着课件演示将数线上每一段都平均分成10份的过程，让学生填一填0过去的第一个点用小数表示是多少，并对意义进行追问，即0到1之间被平均分成10份，0.1表示0到这里（教师手指数线上0.1的刻度）的长度，这个点就可用0.1表示。接下去的教学逐步从一份过渡到几份、从纯小数过渡到带小数。这样的教学可以帮助学生顺利地从线段模型过渡到数线模型。

④指导数格子的方法。

经历以上三个建议的教学，学生还有可能像水平1显示的那样数错格子。其实这样的错误并不是第一次出现，学生在一年级上册解决如图4-20的问题时，会错将钢笔数成7格长，将自动笔数成8格长。

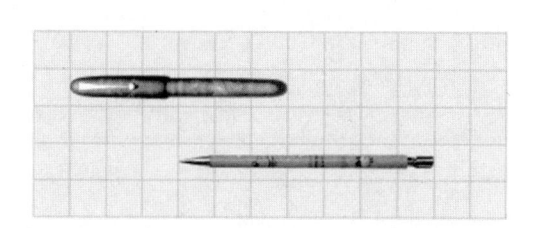

图4-20 "笔有多长"问题

一年级下册解决如图4-21中的"纸片有多长"的问题时，会错将纸片数成4厘米长。

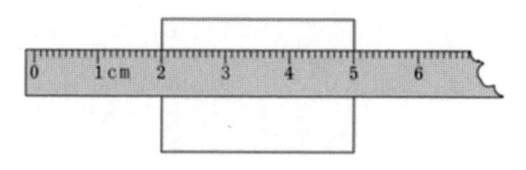

图4-21 "纸片有多长"问题

《 小数的初步认识教学研究

在"方向与位置"单元,描述图 4-22 中的 4 路公交车路线时,会将"4 路公交车从光明路向东行驶 2 站到商场"错数成"行驶 3 站到商场"。

图 4-22 "公交车的路线"问题

各个年级的学生都会出现类似的错误,说明教师对此类错误不够重视,也说明对于学生来说此类错误根深蒂固。如何杜绝此类错误的发生?笔者觉得落实数线上的小数表示的两种含义是根本,除此之外可借助边画弧线边数格子的方法来突破。如果采用数分隔线的方法,则强调起点不数。

5 教学设计研究

教学设计有着多种含义,这里所说的教学设计是指教师给学生上课前准备的教学方案。教学设计主要由教学目标与教学过程两部分组成。不同的教师教学"小数的初步认识",常常有着不同的教学设计。由于北京师范大学出版社出版的教材中小数的编排与别的版本的教材有很大的不同,所以针对不同版本的教材又有着不同的教学设计。本章试图对已经发表的部分教学设计进行综述,针对北师大版教材的两个教学设计进行赏析,并进一步重构此课的教学设计。

5.1 教学设计综述

研究"小数的初步认识"这节课的人很多,在各种小学数学教学的杂志上基本上都可以见到相关的教学设计类文章。我们阅读了《小学数学教师》《小学教学》《教学月刊·小学版》《小学教学设计》等杂志上发表的以及收录在中国知网上的设计和案例类文章一百多篇,选择了部分富有代表性的设计和案例进行综述。

5.1.1 教学目标综述

"目标是课堂教学的灵魂。"对一节课进行教学设计,首先要明确这节课的教学目标。在对"小数的初步认识"这节课进行教学设计时,同样也要先定好教学目标,课堂教学中的行为围绕所定的教学目标展开。

不同的历史阶段对"小数的初步认识"教学确定的目标是否相似?我们选择了其中三个时间段的教学目标进行综述:2000年之前、2001—2011年间和2011年后。

《 小数的初步认识教学研究

（1）2000年之前的教学目标

我们先来看两个2000年前关于"小数的初步认识"的教学目标，然后再来分析它们的特点。

教学目标（韩嘉兴，1990年）：①结合元、角、分初步认识小数。②能知道某个以元作单位的小数表示几元几角几分。③初步掌握小数各部分的名称及小数的读法。

教学要求（姚杏仁、倪杰军，1992年）：①使学生通过小数与元、角、分关系的认识，初步感知小数的意义。②让学生了解小数的组成。③帮助学生掌握小数的简便读法。

从理论上说，教学目标与教学要求是有区别的，但在这里我们不加区别。从上面两个教学目标的阐述中，我们可以看到，作者都非常注重知识技能的落实，都要求结合元、角、分认识小数，学生要初步掌握小数各部分的名称及小数的读法。这与那个时期的数学教学十分重视"双基"是吻合的。

（2）2001—2011年间的教学目标

2001年，我国颁布了《全日制义务教育数学课程标准（实验稿）》。这一轮课改后，"小数的初步认识"的教学目标又是如何阐述的呢？通过阅读、比较，我们把这个时间段的目标分成两类。

第一类：

教学目标（费岭峰，2008年）：①引导学生理解具体情境中的小数的含义，知道以"元""米""分米"等作单位表示具体量的小数的各个数位上的数所表示的意义。②让学生结合具体情境，知道十分之几可以用一位小数表示，百分之几可以用两位小数表示。

这一类教学目标在这个时间段的所有教学设计中占少数，如果我们将此类教学目标与2000年之前的两个教学目标比较，可以发现时间已经过去将近20年，但教学目标的表达并没有很大的差异。也就是说，新一轮的课程改革实施以来，有部分教师在阐述"小数的初步认识"的教学目标时，与以前的课程目标并没有实质性的变化。

第二类：

教学目标（叶柱，2008年）：①依托具体的直观情境，引导学生认识小数，并初步学会读写小数；理解以"元"为单位、以"米"为单位小数的实际含义；知道一位小数表示十分之几，两位小数表示百分之几。②结合教学的顺序展开，逐步发展学生的数感；同时引领学生亲身感受小数知识的广泛应用，培养其热爱数学、亲近生活的积极情感。

这个时间段众多教学设计中的教学目标的写法与上面这个教学目标的写法类似。2001年课标从知识与技能、数学思考、解决问题和情感与态度四个方面阐述总体目标和学段目标，但由于2001年6月颁布的《基础教育课程改革指导纲要（试行）》（简称"纲要"）对不同阶段的学生提出了知识与技能、过程与方法、情感态度与价值观三个方面的要求，所以该阶段的绝大部分教学目标都是按照纲要提出的三个维度展开的。以上目标，虽然没有明确地标明哪一条目标是哪个维度的，但仔细分析不难发现，它们就是从这三个方面进行撰写的。与20世纪90年代初的教学目标相比较，围绕三个维度写出的教学目标更全面和丰富。

（3）2011年之后的教学目标

《义务教育数学课程标准（2011年版）》的总目标和学段目标从知识技能、数学思考、问题解决、情感态度四个方面加以阐述。这一轮课改后"小数的初步认识"的教学目标又是如何阐述的呢？

教学目标（牛献礼，2014年）：①结合生活经验认识小数，会读写小数部分不超过两位的小数。知道以"元"为单位、以"米"为单位的小数的实际含义。②结合具体情境知道十分之几可以用一位小数表示，百分之几可以用两位小数表示。③在自主探索的过程，提高学生的学习能力。体验数学与生活的联系，增强数学学习的兴趣。

这类教学目标实际上与前文提到的第二类目标雷同，说明尽管课标进行了修订，但教学目标的阐述还是按照纲要提出的三维目标进行阐述的。

《 小数的初步认识教学研究

5.1.2 教学过程综述

教学过程是"小数的初步认识"的教学设计中的重要内容,我们将根据课堂教学流程与主要知识点的发生过程加以综述。

◎ 导入方式

对一百多篇设计类文章进行综述,发现导入环节从情境的角度可以分成两类:现实生活情境导入和数学内部知识导入。这两种导入方式恰巧对应了人类建立小数概念的两种需要,即满足现实世界的数量表达之需和数学本身发展所需。

1)现实生活情境导入

小数在生活中无处不在,通过对学生的调查,发现很多学生已经知道了一些生活中的小数,特别是价签上的小数。从现实生活情境导入,有利于唤起学生的已有生活经验,让学生体会到数学来源于生活,又运用于生活。同是从现实生活情境导入,又有着不同的处理方式,体现着不同的价值取向。

①明晰外部特征。

(吴文娟老师设计的导入)

师:请听一段商品信息广告。

多媒体播放商品信息:电饭锅每个68元,墨水每瓶10.6元,铅笔每支0.2元,收音机每台105元,钢笔每支10元。

师:这些数完全一样吗?你能将这些数分成两类吗?

生1:将68、105、10分成一类,因为它们是整数;将10.6、0.2分成一类,因为它们都是小数。

师:生活中有些数是整数,有些数有小圆点,叫小数。今天,我们就一起来认识小数。

小数有着明显的外部特征,即有一个小圆点。在正式学习"小数的初步认识"时,出示既有整数又有小数的商品广告,让学生在分析比较中进行分类,以"."这个新符号为突破口,帮助学生关注小数点的存在,引导学生明晰小数的外部特征。这样的导入渗透了分类思想,培养了学生的归纳概括能力，帮助学生在外形上区分小数，同时也展示了学生对小数的已有认识。

当然，并不是所有带"."的数都是小数，按这样的形式导入，可能有一些学生会产生误解。为了消除误解，在深入理解小数阶段，应该借助现实的"量"强调小数点的作用，引导学生认识新"符号"的价值。

②理清生活经验。

（许卫兵老师设计的导入）

课始，教师出示一张超市外景图片。

师：昨天，老师去"超市"购买了一些学习用品，你们看我买了些什么——

多媒体显示图片。

师：买东西都需要花钱的，这几样东西各花了多少钱呢？

分别显示标价：水彩笔12元、美工刀3元5角、铅笔0.4元。

师：（在黑板上贴出"0.4元"）这是什么形式的数，认识吗？

生：它是小数。

师：（板书：小数）你说得对。有人说，小数的模样很特别，一眼就认得出来，你看呢？

生：小数里都有个点。这个点叫做"小数点"。（师板书：小数点）

师：是啊，"小数点"是小数的标志。（指着0.4）这个小数会读吗？会写吗？

齐读、齐写0.4。

师：知道"0.4元"是多少钱吗？

生：0.4元就是4角。（师板书：4角=0.4元）

师：4角有没有1元多？

生：没有，少得多。

师：看来，和1元相比，0.4元只能算是一个零头了。

生活经验是学生数学学习的重要资源。从儿童所熟悉的"在超市购买文具"的题材入手，整数、复名数、纯小数等混杂出现，让学生对标价中的小数外部特征、读写法和表示的现实意义进行讨论，充分展现了学生的

《 小数的初步认识教学研究

生活经验。教师的适时引导的内容则是对学生生活经验的理清,"是啊,'小数点'是小数的标志"引导学生对小数的外部特征形成了正确的认识。"看来,和1元相比,0.4元只能算是一个零头了"形象、贴切地表征了小数0.4元与1元的大小关系。这样的导入激活、对接并理清了学生的生活经验。

③深入了解学情。

(张齐华老师设计的导入)

师:生活中,你在哪儿见过小数?

生:超市的价格牌、菜场、数学书的价格……

师:既然都见过小数,那会写小数吗?自己试着写几个小数,并试着读一读。

学生尝试写小数,自己读数,然后全班分享。

师:除了会读、会写,你还了解小数的哪些内容?

根据学生的回答适时教学小数各部分名称和如何判断几位小数。

师:关于小数你还有什么问题?

学生对于"小数"并不是一片空白,他们或多或少见到过、听到过小数。对于小数,学生到底已经有了哪些了解?他们想研究什么问题?张老师课始看似随意地一聊,不仅了解了学生熟悉的生活中的小数是什么,引领了学生自己学会了小数的认读写、各部分名称和几位小数,还了解了学生想进一步研究的问题。以这样的方式深入了解学情,使数学教学做到了真正的基于儿童。

④设置认知冲突。

(王凌老师设计的导入)

师:铁路部门规定:身高达到1.2米的儿童需要买票乘车。小明身高1米5厘米,他需要买票吗?

生1:不用。

生2:要买票,因为身高已经超过了1.2米。

师:这个问题咱们出现了争论,还有一些同学暂时搞不清,你觉得在这个问题当中我们对哪个数的意思搞不大明白?

生：1.2米的2指什么？

师：1.2米这个数，特别是1.2米后面的2指什么，咱们没有弄清。如果把这个问题研究清楚了，就不会产生这么大的分歧了。

认知冲突是指人的原有图式与新感受到的事件与客体之间的对立性矛盾，即认知过程中的"障碍"。在导入环节设置认知冲突，可使学生产生解决问题的动机，激发学生参与探究新知的欲望，从而主动完成认知结构的构建过程。该导入联系小数在生活中的实际应用，创设学生熟悉的买票情境，在学生似会非会之时提出问题，在"是否需要买票"的争论中，激起了学生的求知欲和好奇心，使学生产生了认识小数的动机。

⑤感受产生需要。

（毕宏辉老师设计的导入）

师：同学们都去商场买过东西吗？前两天，老师到商场里买了一支钢笔，你来猜一猜，这支钢笔要多少钱？

在教师"多了""少了"的提示中，让学生感受到"区间套"逐步逼近的方法、策略。

师：其实这支钢笔的价格在8元和9元之间，你猜它可能是多少钱？

生：8.5元。

师：8.5元代表了多少钱？你为什么这么猜？

生：因为比8元多，比9元少，所以我想到了8.5元。

师：其实这支钢笔的真实价格是8元7角5分。你知道商场里的叔叔阿姨是怎么在标签上表示8元7角5分的吗？谁愿意上来试试。

生板演：8.75元，从中引出课题：小数的初步认识。

感受知识产生的需要能够激发学生学习的动力。该导入中的"小数"千呼万唤始出来，富有挑战的猜价格活动不仅呈现了研究小数的现实背景，更重要的是让学生感悟到小数的出现是现实的需要，是解决问题的一种手段。这样的导入让学生经历了小数产生的过程，体会了学习小数的必要性。

2）数学内部知识导入

在人的数学认知结构中，各种数学知识并不是孤立存在的，而是建立

《 小数的初步认识教学研究

了广泛联系的网络结构。"小数"也并不是孤立的,在整个"数"的世界中,与别的数有着密切的联系,最直接的是它与整数共享一个位值制,与十进分数有着相同的意义。从数学内部知识导入,同样有着不同的处理方式,分别体现着不同的价值取向。

①编织知识网络。

(叶柱老师设计的导入)

师:数学课难免要和"数"打交道。所以我们先来读几个数,好吗?

课件依次出示:1、10、$\frac{1}{10}$、$\frac{3}{4}$。学生逐个齐读,师生共同揭示:整数、分数。

课件随后出示:5.98。学生依然齐读。

师:有谁知道这样的数叫做什么数?(板书:小数)

师:在"数"的王国里,绝对不止"整数"和"分数"这两种数,"小数"也是其中非常重要的组成部分。这节课,我们就一起来"认识小数"。

知识网络的构建,有利于学生将新知纳入原有知识中,并形成自己的知识体系。该导入从已学的"整数""分数"到未学的"小数",不仅让学生体会到了"小数"是一种新的数,还让学生将"小数"置身于"数"的大背景中,编织了一张美丽的"数网",是对学生结构思想的初步启蒙。

②理清知识脉络。

(彭维庆老师设计的导入)

创设森林运动会中小动物们进行吹气比赛的情境(如图5-1),小动物们在用吹气箱比赛看谁吹得远。

图 5-1 小动物吹气比赛

其中小老虎、狮子、小狗的成绩分别可以用 3、4、1 来记录（如图 5-2）。

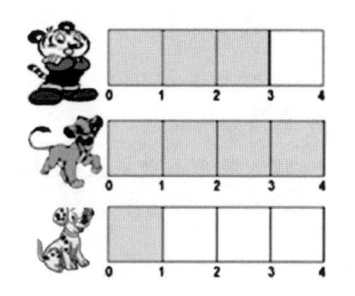

图 5-2　小老虎、狮子、小狗的成绩

接下来，设计了小老鼠吹气的成绩（如图 5-3）。学生发现，小老鼠的成绩无法用学过的整数来记录，从而引导学生讨论，可用以前学过的什么数来记录它的成绩，唤醒学生对分数的回忆。

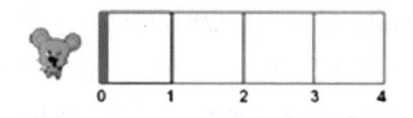

图 5-3　小老鼠吹气的成绩

经过讨论发现，小老鼠的成绩是把第一个正方形平均分成 10 份，占其中的 1 份，所以是十分之一。

教师揭示：像这样的分数也可以写成小数的形式：0.1。

数学是一个有着严密逻辑体系的学科，任何一个知识都不是凭空产生的，小数也同样，"整数—十分之几的分数—小数"是这块知识的发展脉络。建立小数与整数的联系，以及小数与分母是 10^n 的分数的对应是小数意义理解的核心。该导入通过创设森林运动会中小动物们吹气比赛这一生动有趣的场景，借助几何直观，在"1"的叠加与均分中，逐步让学生体会这一脉络。几何直观的运用利于学生沟通整数、十进分数和小数之间的关系，便于理解小数的意义，又能帮助学生构建小数的心理表象。

③凸显计数单位。

（宋煜阳老师设计的导入）

《 小数的初步认识教学研究

师：学习数学总得和数打交道，大屏幕上就藏着一些我们学过的数，请同学们根据屏幕上的信息把数想出来。

出示空白屏幕。

师：看到什么了吗？学生摇头不语。

师：什么东西都没有，那该用哪个数来表示呢？

生：0。

出示一个正方形。

生：1。

出示10个正方形拼摆为一排。

生：10。

出示100个正方形拼摆为一个大正方形。

生：100。

出示平均分成10份，涂其中一份的正方形。

师：像表示物体个数的0、1、10、100，都是我们已经学过的整数。

师：这幅图用哪个数比较合适呢？

出示平均分成10份，涂其中一份的正方形。

师：这幅图呢？

师：像 $\frac{1}{10}$、$\frac{1}{100}$ 这些都是我们已经学过的分数。

师：今天我们来认识一种新的数——小数（板书：小数）。

小数是整数十进制计数法向相反方向延伸的结果。与整数一样，在小数概念的教学中，理解相邻两个计数单位之间的十进关系尤其重要。该导入"数"中得到1、10、100的活动让学生经历了整数计数单位的产生过程；"分"中得到 $\frac{1}{10}$、$\frac{1}{100}$，则让学生经历了小数的计数单位的产生过程。先"数"后"分"沟通了整数与小数计数法之间的内在联系。采用数形结合的手段，让学生直观地感受到相邻两个计数单位之间的十进关系，为进一步理解十进制计数法埋下伏笔。

④注重关系迁移。

（陈庆宪老师设计的导入）

师：今天我们一起学习新的知识，先来回忆一下"10米"与"1米"有什么关系。

教师随手在黑板上写上"10米"与"1米"。

生1：10米里面有10个1米。

生2：1米的10倍是10米。

师：10米中的几分之几是1米？

生：$\frac{1}{10}$。

这时教师呈现图 5-4 并提问："看到这个图你能想到用什么分数表示？"

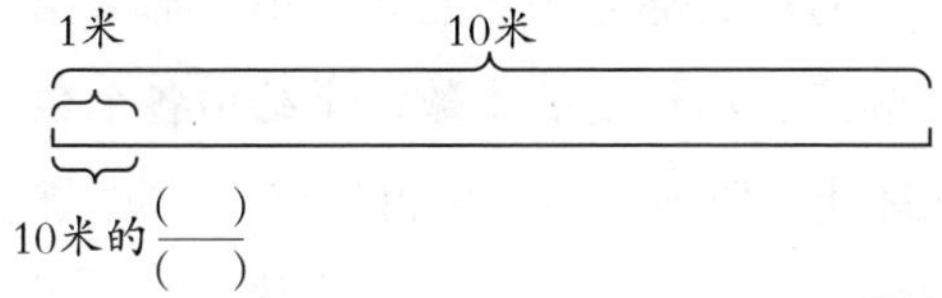

图 5-4　1米是10米的几分之几

学生观察图 5-4 明确地说："1米是10米的$\frac{1}{10}$。"

师（随手在黑板上写出"0.1米"）：你们认识这个数吗？叫什么数？怎么读？如何写？

师：我们知道了1米的10倍是10米，10米的$\frac{1}{10}$是1米，那0.1米与1米又有什么联系呢？

学生借助于刚才的关系猜想到"0.1米的10倍是1米""1米的$\frac{1}{10}$是0.1米"。

师：这样的猜想是否正确呢？我相信同学们通过自学，一定会知道的。

小数是整数十进制计数法向相反方向的延伸，其本质是相邻两个计数单位间的十进关系。如何突出这一本质？以上导入从回忆"10米"与"1米"

147

《 小数的初步认识教学研究

的关系入手，借助10米与1米之间联系的直观图（如图5-4），帮助学生回顾1米是10米的十分之一。从而根据已知关系去猜测1与0.1之间的十进关系。这样的处理方式使学生顺利地把原来的整数相邻两个计数单位之间的进率迁移到小数之中。

以上是我们搜集到的关于"小数的初步认识"这节课比较典型的导入，现实生活情境导入有利于揭示数学与现实生活的联系，数学内部知识导入则符合数学发展的特点，不同的导入源于我们不同的价值追求。

◎ 生活中的小数解读

大多数教学设计在导入之后、深入理解一位小数的意义之前，会安排一个解读生活中的小数的环节。一般的教学设计在这个环节都会采取以下流程：①出示表示价格的小数，学生用说或写的方式自由解读。②汇报，明确表示价格的小数的整数部分表示几元，小数部分第一位表示几角，第二位表示几分。③解读表示长度的小数，小结出各个数位表示的意思。但也有一些设计的处理让人眼前一亮，值得借鉴。

1）注重练习跟进

这类设计采取了上述一般的教学设计的三个环节后，设计了针对性的练习跟进，帮助学生及时巩固。

毕宏辉老师设计的练习：

一一对应来连线：分别是谁的价格？

| 98.80元 | 9.80元 | 0.85元 | 0.05元 | 1985.00元 |
| 牛奶 | 书包 | 电视机 | 铅笔盒 | 回形针 |

叶柱老师设计的练习：

换个名字说价格：换一种方式来介绍商品的价格。

数学书 5.05 元

上虞到绍兴的汽车票 8.10 元

康师傅方便面 4 元 3 角 8 分

宋煜阳老师设计的练习：

根据座位来抢答：每个小数中的"1"表示什么意思？

小结了解读表示价格和长度的小数的方法后，在黑板上形成座位表，如图5-5。

$$(\quad).(\quad)(\quad)$$

元　　角　　分

米　　分米　厘米

图5-5　小数座位表

课件依次闪现□.1元、□.□1元、□.1米、□.□1米，组织学生对小数中"1"的含义进行抢答。

三个练习都需要调用总结的解读方法，将解读方法巩固于无形之中。其中"座位表"的提炼让学生在单位改写时有了抓手，意义抢答则是对以元、米为单位的小数的对位含义的强化。

2）注重问题提出

陆红新老师设计的问题：

3.9元表示什么？用小数表示时，为什么把3元放在小数点左边，9角放在小数点右边？

吴慧婷老师设计的问题：

（课件图文呈现：三种橡皮的价格分别是0.50元、2.00元、7.65元）你觉得哪种橡皮最贵？为什么？现在是5角，最多可以是几角？再加1角呢？

陆老师设计的问题不仅让学生明白了表示价格的小数各部分的含义，更加深了学生对小数各部分的理解，即满一元的部分放在整数部分，不满一元的部分放在小数部分。吴老师设计的问题则巧妙地将生活中小数的解读寓于解决问题之中，激活了学生已有的"解读商品价格"的经验，为学生的思考提供了大空间，还让学生体会到了满十进一的过程。

3）注重游戏设计

刘延革老师设计的抓硬币游戏：

教师提供一些硬币，请一位学生随机抓几个，其他学生用小数表示出所抓的钱数，并解读每一个数位上的数字表示的意思。在此基础上总结出以元为单位的小数每一部分的含义。

游戏是小学生最喜欢的学习方式，该游戏能有效激发学生的兴趣，再加上有元、角、分的形象支撑，解读活动变得具体、可感。

◎ 一位小数的意义探究

"一位小数意义的探究"是本节课的主体环节，阅读众多教学设计的此环节后发现，基于的材料不同，培养的能力也不同。总体来说，有以下三种处理的方式。

1）基于书本材料的自学

王健等老师的设计：课前预学

①课前布置学生预习课本，完成以下预习作业。

a.到超市收集一些商品的价格，课上与大家交流。

b.试着读一些小数，写一些小数。

c.预习例题，想一想什么样的数可以用小数表示。

d.准备一把米尺，尝试在上面找一找小数。

e.阅读教材，说一说小数各部分的名称是什么。

②交流预学情况。

a.出示书本例1情境图（导入环节已交流了生活中的小数及各部分名称），让学生说一说5分米、4分米分别是几分之几米，还可以写成多少米。

b.观察上面的两组分数和小数，自主比较、小组讨论、得出规律：几分米等于十分之几米，也等于零点几米；反过来，零点几米也就表示十分之几米。

c.出示例2情境图，学生独立思考，利用语言和图示的方法说明"圆珠笔1元2角""笔记本3元5角"写成小数分别是多少。

③脱离具体情境，深化小数意义。

a.出示正方形，平均分成10份，涂出其中的一份，让学生用数表示图中阴影部分，得出"$\frac{1}{10}$=0.1"。

b. 提供给每位学生一个同样的正方形，任意涂出其中的几份，写出相应的分数和小数并汇报。

c. 观察总结规律：十分之几可以写成零点几，零点几也可以表示成十分之几。

d. 出示涂了9份的正方形图，让学生说说想到的小数，提出"如果把这一份也涂上，又该怎么表示？"的问题，让学生感受满十进一。

王老师的设计基于课前预习的成果，借助例题情境，引导学生运用灵活多样的形式充分展示交流。接着又借助十等分的正方形图帮助学生进一步理解一位小数的本质特征。整个过程，由具体到抽象，层层推进且富有变化。

陈庆宪老师的设计：课内自学

①根据自学要求自学验证猜想。

（导入环节已根据1米和10米的关系猜想出了0.1米和1米之间的关系。）

a. 请仔细阅读课本第92页例1，想一想：0.1米到底是什么意思？

填一填：0.1米就是（　　）的长度。

b. 书上表示的0.3米又是什么意思？

填一填：0.3米就是（　　）的长度。

c. 书上小朋友测量的身高是1米3分米，你能用小数表示吗？

填一填：1米3分米=（　　）米。

②分组讨论、全班交流自学成果。

a. 反馈填法：0.1米就是1分米或$\frac{1}{10}$米的长度；0.3米就是3分米或$\frac{3}{10}$米的长度。通过在米尺图上找1分米、$\frac{1}{10}$米和0.1米，3分米、$\frac{3}{10}$米和0.3米，感受每组的三个量是一样长的（如图5-6）。同时形成板书：1分米=$\frac{1}{10}$米=0.1米；3分米=$\frac{3}{10}$米=0.3米。

《 小数的初步认识教学研究

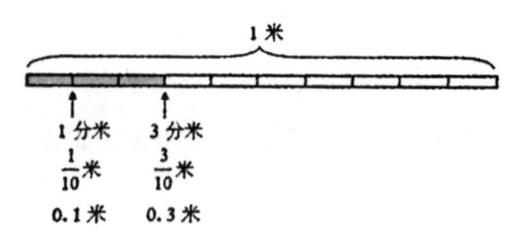

图 5-6　米尺图

b. 让学生逐一说出 1 分米到 9 分米对应的分数和小数。

c. 从 0.9 米入手,让学生思考 0.9 米里面有几个 0.1 米,如果再加上一个 0.1 米是多少?从而验证前面的猜想是正确的。

d. 讨论为什么 1 米 3 分米等于 1.3 米?通过延长米尺图来说明。

③对比质疑交流。

a. 独立思考,小组讨论:0.1 元与 0.1 米有什么相同之处和不同之处?全班交流时借助图 5-7 帮助学生理解。

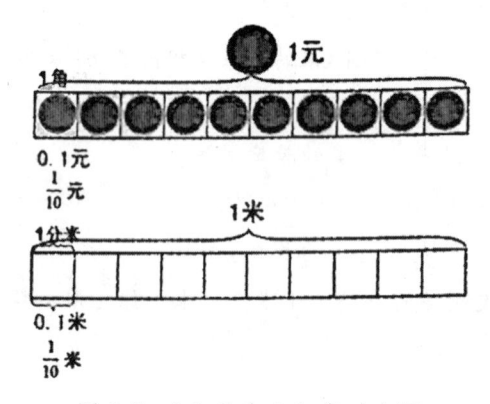

图 5-7　0.1 元和 0.1 米对比图

小结:平均分的对象不同,但平均分成 10 份后,其中的一份都是 0.1。

b. 针对图让学生分别说出"几角就是十分之几元,就是零点几元"。

陈老师的设计在猜想的基础上,通过课内自学和结合图示交流,让学生理解了以米为单位的一位小数的意义。接着又让学生比较了 0.1 元和 0.1 米的相同点和不同点,较好地凸显了小数的本质内涵,并引领学生以整体的视角认识了小数。

2）基于顺向材料的解读

所谓"顺向材料的解读"是指直接提供生活中的小数，让学生自主探究意义。这类设计都是先提供以元为单位或以米为单位的一位小数，学生进行解读，并通过图示想到这个量还可以用十分之几的分数表示，从而完成"整数、分数、小数"三者之间相等关系的推理。从活动设计的开放程度来分，又有着很多不同的处理方式。

方式一：互动交流中理解

刘延革老师的设计：

①探究表示长度的一位小数。

a. 出示教鞭，告知长度为 0.7 米，黑板上贴出十等分的米尺，请学生上前指出 0.7 米的位置。教师用教鞭验证，并请其他学生说说为什么这里是 0.7 米。接着让学生用小数表示 5 分米、3 分米、1 分米。

b. 借助问题"0.7 米的地方，还可以怎样表示？"引导学生想出分数，并说理由。然后用分数表示 1 分米和 3 分米。

c. 启发学生思考：根据生活经验我们知道 1 分米是 0.1 米或者说 0.1 米就是 1 分米。学完分数之后，我们还知道 1 分米还是 $\frac{1}{10}$ 米。那么 $\frac{1}{10}$ 米和 0.1 米之间是什么关系呢？为什么？借助图帮助学生理解整数、分数、小数三者之间的相等关系，形成如图 5-8 的板书。

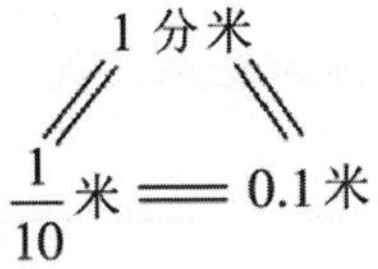

图 5-8　整数、分数、小数之间的关系

d. 跟进练习：3 分米写成分数是（　　）米，写成小数是（　　）米。9 分米写成分数是（　　）米，写成小数是（　　）米。

《 小数的初步认识教学研究

②探究表示价格的一位小数。

思考讨论：4.3 元中的"3"可以表示哪些含义？为什么还可以表示 $\frac{3}{10}$ 元？如果这位上是"5"，表示几分之几元？这位上是"9"呢？

胡国强老师的设计：

①探究表示价格的一位小数。

a. 出示 1 元硬币，谁能拿出 0.1 元？（板书 0.1 元）学生先独立思考，再与同桌交流。

b. 全班交流：0.1 元就是 1 角，只要把 1 元换成 10 个 1 角，拿出 1 角就是 0.1 元。课件演示换和拿的过程，如图 5-9。

图 5-9　1 元中拿 0.1 元

c. 以问题"图 5-9 涂黑的部分，除了用小数 0.1 元、整数 1 角表示外，还能想到哪个数？为什么？"引出分数，并形成板书：0.1 元 = $\frac{1}{10}$ 元 =1 角。

d. 用数表示空白部分、涂色和不涂色合起来的部分。

e. 学生自己确定拿几角，写出相应小数，教师选择合适的写在黑板上。

f. 观察板书，小结小数与分数之间的关系：零点几元表示十分之几元。像这样的小数，叫一位小数，可以用十分之几来表示。

②探究表示长度的一位小数。

a. 课件先后出现图 5-10 中的两条数轴，让学生估计第二条数轴上的一小段有多长，并说理由。电脑演示验证，最终把 1 米十等分。

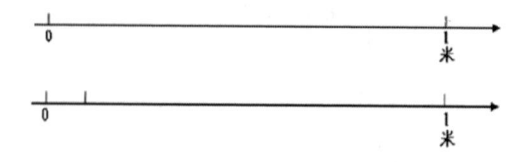

图 5-10　数轴

5 教学设计研究

b. 让学生根据图示填空：1分米 = $\frac{1}{10}$ 米 =（　　）米，3分米 = $\frac{3}{10}$ 米 =（　　）米。根据结果追问：长度单位中的 $\frac{1}{10}$ 米怎么会想到0.1米？

c. 小结：货币中的一位小数可以用十分之几表示，所以长度单位中的一位小数也可以用十分之几表示。

以上两个设计的相同点在于都是借助教师提问、师生互动交流、课件或黑板上的教具演示来完成一位小数意义的教学。不同点是刘老师的设计在深入研究表示长度的小数的基础上反扣表示价格的小数，胡老师的设计刚好相反。到底先探究哪类小数，不同的人有不同的理解。从小数产生的角度思考，建议先理解表示长度的小数；从学生的已有经验思考，建议先探究表示价格的小数。总体来说，方式一的两个设计的探究活动不够开放，学生被一个个问题牵着走，图示在交流中给出，学生没有动手操作的机会。

方式二：图示选择和类比迁移中理解

宋煜阳老师的设计：

①建立以元为单位的小数、分数的联系。

a. 出示1元图片，用1个涂色的正方形表示，让学生思考：2元该怎么表示？0.1元呢？启发学生先想一想0.1元表示多少钱，根据汇报贴出纸条：1角 = 0.1元。

b. 呈现两幅图（如图5-11），让学生选择表示1角的图。

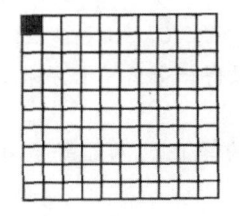

图5-11 选择材料

c. 确认选择第一个图后，展开讨论想法，通过"涂色部分让你想到了

> 小数的初步认识教学研究

哪个数？"的追问引出分数，得到等式：1角 = $\frac{1}{10}$元 =0.1元。

　　d.借助课件完成2角 = $\frac{(\quad)}{(\quad)}$元 =（　）元、（　）角 = $\frac{9}{10}$元 =（　）元的填写。观察发现几角改写成以元为单位时分数和小数的特点。

　②探究以米为单位的小数、分数之间的联系。

　　a.学生选择学习方式：在以元为单位的小数中十分之几可以用一位小数表示，那以米为单位的小数中是否也有类似的发现？这个结论是希望教师告诉大家还是同学们自己来研究？

　　b.提供材料（如图5-12），小组合作进行探究。

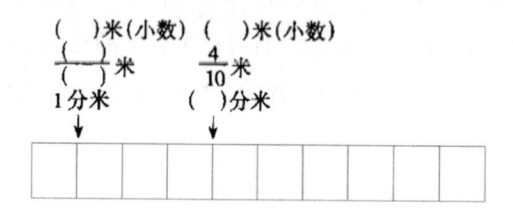

图5-12　探究材料

　　c.反馈梳理：

当学生汇报得出等式"1分米 = $\frac{1}{10}$米 =0.1米"后，重点交流想法。

结合以米为单位的两组等式小结：十分之几的分数可以用一位小数表示。

与方式一的两个设计相比，此活动设计显然要开放一些，主要表现在两个选择：一是表示1角的图示让学生选择，而不是直接出示；二是探究了表示价格的小数后，让学生选择探究表示长度的小数的方式，让学生在类比迁移中自主完成对表示长度的小数的探究。

方式三：画图表征中理解

许卫兵老师的设计：

①用一个表示"1元"的长方形表征以元为单位的一位小数0.4元和0.8元。

a.用一张长方形白纸表示1元，让学生想办法表示出0.4元。

b.围绕以下几个问题汇报交流：想折出什么结果？为什么要折成10等份？

c.展示学生的作品，归纳共性：画的长方形平均分成10份，其中的4份涂色。教师通过课件展示分的过程和涂色的过程，小结：0.4元就是将1元平均分成10份，表示其中的4份。

d.以问题"这样的图示大家不陌生吧，让你想起什么了吗？"提示学生想起分数，从而完善等式"4角 =0.4元 = $\frac{4}{10}$元"。

e.在长方形中表示出橡皮的价格0.8元，并得出等式。

②用一个表示"1"的长方形表征任意一位小数。

a.提供给每个学生一个平均分成10份的长方形，告知学生用它来表示"1"，并让学生任意涂出其中的一部分，表示出一个小数和相应的分数。

b.教师选择作品展示，并结合课件组织梳理（如图5-13），从而概括出：零点几就是十分之几，零点几的意义和十分之几的意义相同。

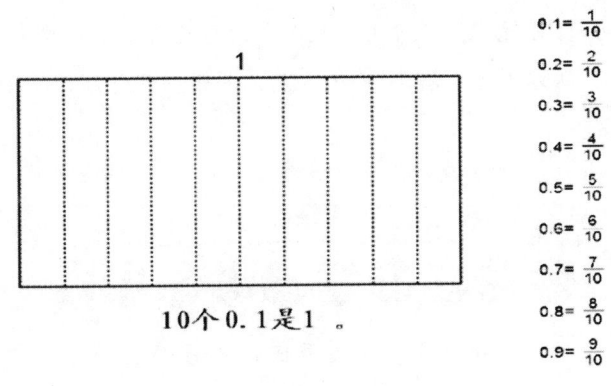

图 5-13　组织梳理

小数的初步认识教学研究

c. 对着9份涂色、只有一份空格的图提问：现在已经有几个0.1了？再来一个0.1是多少？通过回顾整数相邻两个计数单位间的关系：10个一是10，10个十是100，10个百是1000……满十进一，让学生感受到小数与整数的共同点：10个0.1是1，也是满十进一。

③带小数的教学。

a. 出示图5-14，让学生根据图示说出笔记本的价格，并说想法：前面的图形都表示"零头"，小数都是"零点几"，现在有一个整的了，小数变成了"一点几"。

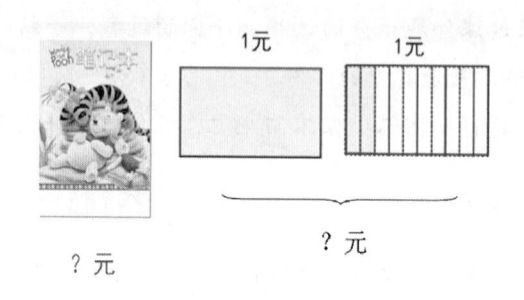

图5-14 笔记本的价格

b. 说说准备用一幅怎样的图表示钢笔的价格8.6元。

陆红新老师的设计：

①研究价格中的小数。

a. 通过问题"塑料碗3.9元，3.9元加多少钱就是4元？"得出1角＝0.1元。通过对问题"1元里有几个0.1元？"的讨论得出1元里有10个1角，1角是0.1元，所以1元里有10个0.1元，并借助课件演示（如图5-15）。

图5-15 1元里有10个1角

b.让学生根据图5-15找一找1角和1元的关系,即1元是1角的10倍,1角是1元的$\frac{1}{10}$。得出1角=$\frac{1}{10}$元=0.1元。

c.在图中找一找、说一说:(　)角=(　)元=(　)元。

②研究长度中的小数。

a.匹配身高数据和测量时间:这里有小丽的三个身高数据:0.8米、1米1分米、0.5米,测量的时间是出生时、2岁时、6岁时。你知道这三个身高数据分别是什么时候测量的吗?

b.同桌相互合作,在没有刻度的米尺上找到小丽的三个身高数据。(学生自主活动,教师巡视指导)

c.分享探究的成果、方法和理由。得出两个等式:5分米=$\frac{5}{10}$米=0.5米,8分米=$\frac{8}{10}$米=0.8米。交流1米1分米的小数表示和理由,即1米放在小数点的左边,1分米是1米的$\frac{1}{10}$,是$\frac{1}{10}$米,也是0.1米。所以1米1分米=1.1米。

d.小结:在没有刻度的米尺上找长度时,可以将米尺平均分成10份。取几份就是"几分米",也就是"十分之几米",可以写作"零点几米"。

③沟通价格、长度中的小数。

a.让学生把米尺看作"1元",思考塑料碗3.9元可以怎么表示并交流。

b.小结:看来价格中的小数和长度中的小数存在许多相似之处。

④拓展小数的认识。

a.思考:如果以分米作单位,5厘米怎么用小数表示?得出结论:5厘米=$\frac{5}{10}$分米=0.5分米。

b.讨论0.5千克、0.5时表示什么意思。

张齐华老师的设计:

①画图,表征数学意义。

a.用一个图形表示1元,然后在图形中表示出对0.3元的理解。

《 小数的初步认识教学研究

（学生独立尝试、组内分享）

b. 展示代表性作品，全班交流。结合交流，教师引导得出 0.3 元 =3 角 = $\frac{3}{10}$ 元。

②抽象，建构一般理解。

a. 如果将这里的长方形看作 1 米，涂色的 3 份表示什么？为什么？

b. 长方形除了可以看作 1 米，还可以看作什么？这时候涂色部分又可以表示多少？

小结：重要的不是平均分成 10 份后，每一份是多少，而是这样的一份或几份可以用十分之一或十分之几来表示，而十分之几就可以表示为零点几。

c. 如果把所有的单位都去掉，就把这个长方形看作"1"，涂色部分又表示多少？为什么？

d. 思考：在这幅作品中，除了 0.3 这个小数，还可以表示出哪一个小数？怎么表示？在交流中自然地引导到带小数的图形表示，从而达成对带小数的理解。

方式三的三个设计最大的共同点是都强调放手让学生自己借助平面图形这一直观的思维"脚手架"来自我建构小数的含义。当然，三个设计的开放度是不一样的。许老师设计的图形和数量都呈现单一性：规定一个长方形表示 1 元，让学生表示出 0.4 元。陆老师的设计的亮点在"研究长度中的小数"环节，虽然图形单一，但要求表示的数量多元：在米尺上找出 0.8 米、1 米 1 分米、0.5 米。张老师的设计虽然数量单一，但让学生自主选择图形表征，给学生留了较大的思维空间。因为开放的程度不同，探究活动后学生呈现的精彩也不同，张老师的设计最终展现的思维最多样。

3) 基于逆向材料的转化

所谓"逆向材料的转化"是指提供非小数信息，通过教学感受小数一步一步得出的过程。这类设计有以下四种处理的方式。

宗正平老师的设计：经历小数的发生发展过程

（导入环节理解了生活中以元为单位的小数的实际意义）

①通过测量引出以米为单位的小数。

a.请两位同学用米尺量黑板边的长度（得到整米数），再请同桌两人合作量桌面的长和宽。

b.思考不到1米的量用米作单位怎么表示，得出6分米 = $\frac{6}{10}$ 米，4分米 = $\frac{4}{10}$ 米。

c.教师通过问题"刚才要求找小数，依次找到了整数、分数，那可离小数不远啦！猜一猜，1分米用小数表示是多少米？"引导学生猜测1分米改写成用米作单位的小数表示，并得出6分米和4分米的小数表示。

d.寻找0.1米、0.6米、0.4米的共同点：中间都有一个小数点，小数点的左边都是0。

e.理解性练习：在米尺上填写整分米数，以米为单位填出相应的分数和小数。变式练习：把正方形图平均分成10个长条，一部分涂上阴影，要求先写出分数，再写出小数。

②通过换标价牌引出以元为单位的小数。

出示图5-16，让学生尝试将标价牌换成以元作单位的小数，并围绕"小数点前为什么是0？"或"为什么不是0？"交流想法。

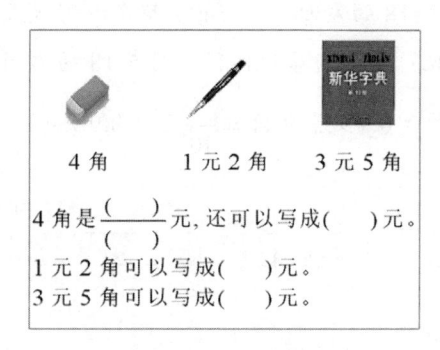

图5-16 标价的转换

该设计由两个板块组成。第一板块，教师依据学生的已有认知，先引导学生把整分米数转化成分数解决问题，接着又鼓励学生用猜的方式得到

《 小数的初步认识教学研究

了小数表示（这个猜是有导入部分对生活中以元为单位的小数意义的实际理解做支撑的）。第二板块，教师直接放手让学生自己去探究标价的转换，并通过追问突出整数部分是 0 的小数和不是 0 的小数的区别。整个探究过程充分展示了小数产生的背景、意义及发生发展的过程。

陈选峰老师的设计：借助格子图嫁接原有知识

①半直观格子图中忆分数、引小数。

a. 出示图 5-17，通过问题"根据这幅图你能看到哪些数？"引发学生观察并回忆出分数：$\frac{1}{10}$、$\frac{9}{10}$，并说明理由。

图 5-17　格子图

b. 教师揭示：$\frac{1}{10}$ 可以用小数 0.1 表示，让学生思考 $\frac{9}{10}$ 可以用零点几表示。紧接着教师说出其他的"十分之几"，让学生用小数"零点几"表示。

②赋予具体的量，引出以元、米为单位的小数。

a. 课件出示图 5-18 的左面，并提出：整个图形代表 1 元钱，那么这里的 1 小格表示多少呢？学生回答后再利用图 5-18 的右面进行理解，使学生回答出：1 角 = $\frac{1}{10}$ 元 = 0.1 元，9 角 = $\frac{9}{10}$ 元 = 0.9 元。

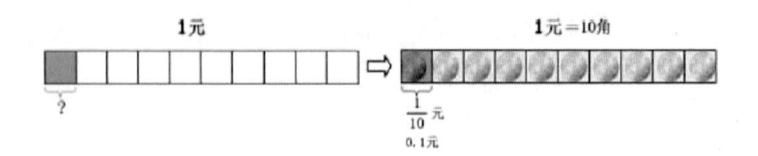

图 5-18　理解以元为单位的一位小数

b. 提出：如果整个图形代表 1 米的长度，那么 1 小格又表示多少？

"小数的初步认识"一课的逻辑基础是表示分率的分数，而本课是表示数量的分数。该设计在理解了小数的生活含义后，把格子图作为一种数学学习的桥梁，将新知识有效地嫁接到学生原有知识体系中。由于 $\frac{1}{10}$ = 0.1 是十进制计数法约定俗成的数学规定，所以该设计采用直接告知的方式。接着又借助格子图隐含的分数巧妙地把表示几元的小数与几米的小数有机地联系起来，对比中凸显其本质，形成知识网络。

王凌老师的设计：了解十进分数计数的实际需求

①从记录射击比赛成绩中引出十进分数。

a. 课件出示一位运动员射击成绩（分别在8环和9环上），让学生用数表示，揭示：像我们以前学过的表示物体个数的1、2、3……是自然数，0也是自然数，它们都是整数。

b. 课件出示两枪都在8环和9环之间的图，告知学生这是该运动员后来打的两枪的成绩，让学生说一说哪枪的成绩好？为什么？如果还是用8或9记录成绩合适吗？到底比8环多多少？学生思考后，教师提示可以用学过的分数来表示。学生有说两枪分别是比8多 $\frac{1}{4}$ 和比8多 $\frac{3}{4}$，也有说比8多 $\frac{1}{5}$ 和比8多 $\frac{4}{5}$。

c. 教师肯定学生的想法，引发学生思考：如果下一枪打到这呢？（手指一个位置，稍做停顿给学生思考）想象一下，根据运动员不同的射击位置，每次都要重新确定平均分的份数，方便吗？小结：为了统一标准，裁判员肯定有一个等分的固定方法。（课件出示等分10份的靶线图）

d. 课件出示正方形等分10份的图，问学生每份可以用分数十分之几表示？师生齐数：$\frac{1}{10}$、$\frac{2}{10}$、$\frac{3}{10}$……$\frac{9}{10}$、1。小结：人们在解决问题时考虑等分成10份，是因为正好可以满十进一，这样就可以和整数满十进一的规则统一起来。

②引出并学习一位小数。

《 小数的初步认识教学研究

　　a.教师给出两次成绩的分数表示,一次是8环多$\frac{2}{10}$,一次是8环多$\frac{8}{10}$,让学生说感受,并让学生思考:像十分之几这样经常用到的分数,怎样才能在生活中用得更简单、更方便?借助平均分成十份并涂了一份的正方形图介绍:人们为了让十分之几的分数在生活中用起来更方便,就把十分之几的分数写成了小数,这个分数可以写成一个新的样子:0.1。

　　b.分别出示$\frac{2}{10}$和$\frac{7}{10}$的图,让学生用小数表示。提出问题:如果要在图中表示0.9,要涂几格?为什么?提示:表示0.9实际上就是表示分数$\frac{9}{10}$。

　　c.回顾:平时经常会用到整数,但有的时候用整数不方便,我们可以用分数。为了和整数的规则统一起来,一般都是把它平均分成10份,这样就可以得到十分之几的分数。为了更方便地使用这样的分数,可以把它写成小数。所以要想小数的意思只要想对应的分数的意思。

　　③学习带小数。

　　a.前面看到的小数都是不到1的,如果超过1怎么办?出示表示1.1的图,让学生用小数表示,并结合图说说两个1分别表示什么意思。

　　b.假如是2.1,用图怎么表示?如果是涂满了1个大正方形,另一个大正方形涂了十格里面的两格,用小数怎么表示?另一个涂了3格呢? 4格、5格……一直到涂满第二个正方形,又一次体会满十进一的过程。看着图思考,1.1比1多多少? 1.2呢?

　　④应用小数解决问题。

　　a.课件回放导入时的射击图,让学生用小数表示两个成绩,并比较现在的记录方式和前面的记录方式,体会小数记录的便捷。

　　b.介绍等分十份的历史:等分十份的好处古代的劳动人民就发现了。古代的治水英雄大禹将自己的身长定为1丈,不满1丈就把1丈分为10等份,每份为1尺。同样,在商代遗址中出土的骨尺、牙尺等,尺上的刻度也是平均分成10份的。我们现在的尺子也采用了同样的方法。

c.联系生活：在生活中也经常会用到小数，比如说度量长度经常用"米"这个长度单位，如果正好是整米数，就用整数来表示。让学生思考，如果不满 1 米，怎么办？教师用尺子量课桌的宽和高，并让学生用分数和小数表示。购物的过程中，也经常用到小数，让学生回顾买过什么，并用小数表示物品的价格。

数学教学应当尽可能地将数学知识的来龙去脉向学生交代清楚，即让学生理解为什么学，了解学了有什么用。本设计通过模拟记录射击成绩这一场景，让学生自发地意识到整数并不能解决生活中所有的计数问题，在让学生猜测等分份数时，又通过设置不同的射击位置引导学生感受建立固定等分份数的必要性。接着借助数形结合理解一位纯小数和带小数的意义，帮助学生构建小数的心理表象。最后回归生活，让学生了解了知识发生及发展的过程，并让学生联系小数的含义，结合实际问题对生活中的小数做出解释。

莫纯英老师的设计：经历小数数位产生的过程

①引出 $\frac{1}{10}$。

a.出示彩尺，用米尺测量，让学生描述彩尺的长度：1 米、10 分米、100 厘米、1000 毫米。

b.在 1 米长的彩尺下面贴上 1 分米的彩条，让学生估一估，彩条大约有多长？并想办法证明。

c.学生采用与彩尺比较的方法验证猜测，教师把 1 米长的彩尺用不同颜色的 1 分米间隔开，得出：1 米是 1 分米的 10 倍，1 分米是 1 米的 $\frac{1}{10}$。

②创造数位。

a.认识整数时用到了数位顺序表，认识小数也带来了数位顺序表（贴数位顺序表，写上"米"）。思考：怎么在这个以米为单位的数位顺序表中表示 1 分米？把 1 写在个位，合适吗？写在十位呢？

b.越往左写表示的米数越大，写在个位不行，往个位的左边写也不行，

《 小数的初步认识教学研究

到底该怎么办？让学生体会到：原来的数位已经不够了，要产生新的数位，也就是比个位小的数位。教师在个位右边添上1格，提示：为了和个位区分开来，中间点上小数点。

③产生小数。

a. 个位"米"右边的第一位就表示分米，把1分米的1写在这一位，问学生记作".1"行吗？得出正确记法"0.1米"，并理解小数点左边的0和右边的1分别表示什么。

b. 回顾描述彩条的三种说法，得出等式：1分米 = $\frac{1}{10}$ 米 = 0.1米。根据教师的问题提示闭眼回忆：1分米有多长？相当于1米的十分之几？写出分数是几分之几米？写成小数是零点几米？

c. 让每个学生在彩条上写上0.1米，先同桌合作，拼接两条彩带，写出小数，并说说有几个0.1米。再四人小组合作，拼接彩带，写出小数，同样也说说有几个0.1米。

此设计最大的亮点是让学生经历了小数数位和小数点产生的过程。让学生思考"1分米"的"1"在以米为单位的数位顺序表中该写在哪里。写在个位，表示1米，写在十位、百位更不行，那怎么办？由此激发学生产生矛盾冲突，创造出一个比个位更小的数位。利用数位顺序表揭示小数点的来源，以及小数的产生，学生明白了小数点左边和右边的数字的含义，以及为什么要用小数点，让陌生的知识变得可感。

◎ **两位小数的意义探究**

由于有的教材要求在初步认识的时候认识两位小数，有的教材不要求，所以在搜集到的设计里面也是有的设计有此环节，有的设计没有此环节。纵观搜集到的所有设计，此环节一般都是基于对一位小数的探究，沿用一位小数的探究方式放手让学生自主学习，没有什么特别的研究方式，下面举其中的两例供大家学习。

刘延革老师的设计：

①让学生猜一猜 0.01 米可以表示哪些含义（1 厘米、10 毫米、$\frac{1}{100}$ 米），阐述想法：小数点右边的第二位表示厘米，说明 0.01 米是 1 厘米。把 1 米平均分成 100 份，这样的 1 份是 1 厘米，用分数表示是 $\frac{1}{100}$ 米。所以 1 厘米 = $\frac{1}{100}$ 米 = 0.01 米，形成如图 5-19 的板书。

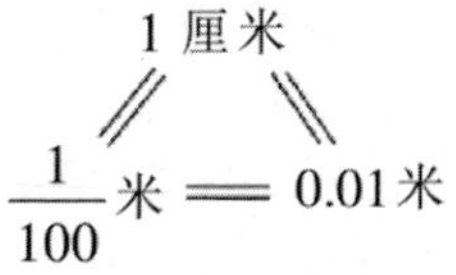

图 5-19　整数、分数、小数之间的关系

②练习：3 厘米可以写成几分之几米？18 厘米呢？完成后在尺子中找出 0.03 米和 0.18 米。

③用小数表示王东的身高 1 米 35 厘米，并想办法在尺子上找 1.35 米。

莫纯英老师的设计：

① $\frac{1}{10}$ 米是 0.1 米，那么 $\frac{1}{100}$ 米是多少米呢？为什么？

②找到桌子上的 1 厘米，思考：用 1 厘米与 1 米比，要比几下？得出：1 米是 1 厘米的 100 倍，1 厘米是 1 米的 $\frac{1}{100}$。思考：以米作单位，把 1 厘米的 1 写在数位顺序表里，写在哪里合适？根据讨论在右边再添上一格，并得出 1 厘米用小数表示的正确记法：0.01 米。

③回顾 1 厘米的三种说法，得出等式：1 厘米 = $\frac{1}{100}$ 米 = 0.01 米。

④根据教师的问题回顾：1 厘米有多长？相当于 1 米的几分之一？用分数表示是几分之几米？用小数表示是多少米？

⑤把手中的两根彩带连一起是多少米？再接上黑板上的这根是多少

米？得出 0.11 米和 1.11 米，说说每个 1 的意思。

◎ **拓展环节的设计**

部分设计在带领学生探究了一位小数或一位、两位小数的意义后，设计了一个拓展环节，以对所学知识进行拓展。仔细分析，以下两种拓展方式比较有特色。

刘延革老师的设计：强化意义和体会满十进一

①在 3.34 元上加 $\frac{2}{10}$ 元，说说加了多少钱？用小数表示现在的钱数是多少？再加上 0.03 元，说说加了多少钱？用小数来表示现在的钱数是多少？

②教师在 3.57 元的基础上连续加 1 分硬币，学生用小数表示钱数：3.58 元、3.59 元、3.6 元，讲解：10 个 1 分是 1 角。教师在 3.6 元的基础上继续放 1 角硬币，学生用小数表示：3.7 元、3.8 元、3.9 元、4 元，讲解：10 个 1 角是 1 元。

③教师继续放 2 个 1 分和 2 个 1 角硬币，学生用小数表示：4.22 元；再拿走 4 个 1 元硬币，请学生用小数表示：0.22 元。讲解：不足 1 元，小数的整数部分用 0 表示。说说两个 2 表示的意思。

本片段刘延革老师延续课始的抓硬币游戏，在利用米制模型理解了一位小数和两位小数后，通过边操作"人民币"边用不同的"数"表示"钱"，进一步理解了小数部分每一位上数字的含义以及初步感受了相邻数位的"十进"关系。

许卫兵老师的设计：关注小数文化的浸润

①举生活的例子。

在学习了一位小数的基础上，让学生举一些生活中的小数，然后教师出示有关补充信息：

世界上最小的鸟——蜂鸟约重 1.8 克，连 2 克都不到。蜂鸟的蛋约重 0.2 克，相当于把 1 克平均分成 10 份，其中 2 份的重量。

明明想要坐火车旅游，铁路部门规定：1.2 米以下的儿童免票，1.2 米—1.5 米的儿童半票，1.5 米以上的儿童全票。判断：明明身高是 1 米 4 分米，他应该怎样买票？

出示飞镖盘，认识1、2、3、4……9，这些都是自然数，都是整数。如果飞镖不能正好击中这些整环数，为了将投中情况区分得更精确，就产生小数的环数。让学生投3次，用小数表示环数，并比较哪次成绩最好，相差多少。以两次相差0.1环的成绩切入，提醒学生别小看这微小的差距，在2008年北京奥运会上，我国射击运动员邱健就是以0.1环的优势获得金牌的。

2004年奥运会，"飞人"刘翔以12.91秒的成绩摘取110米栏奥运金牌，成为中国历史上第一个男子田径奥运冠军。让学生说说12.91有什么特别？

小结：小数部分越多，精确度就越高。

出示芭蕾舞演员图片，思考：演员们为什么要不断踮起脚尖？揭示数学秘密：因为此时她的腿长大约是身高的 $\frac{6}{10}$，$\frac{6}{10}$=0.6，接近0.618。而0.618堪称黄金数，是数学里最完美的比，数学家说：哪里有0.618，哪里就闪烁着美的光辉。

②播放小数的历史。

课件出示图5-20，并播放录音。

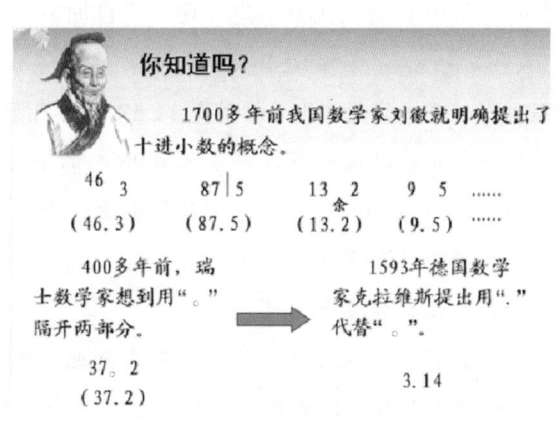

图5-20 小数的历史

小数的初步认识教学研究

录音内容：同学们，小数的历史非常悠久，1700多年前，我国数学家刘徽就明确提出了十进小数的概念。后来人们采用将小数部分降一格，在整数部分和小数部分之间或者加上分割线，或者加上一个"余"字，或者什么都不加只把两部分分隔开等方法表示小数。400多年前，瑞士数学家想到用空心圆圈隔开两部分。到了1593年，德国数学家克拉维斯提出用小黑点代替空心圆圈。从此就有了现在的小数。

本设计中，众多生活中的小数的例子，让学生感悟到了数学的价值和小数表达的审美意义；小数的演变历史，让学生了解了小数点产生的过程。不管是前者还是后者都关注小数文化的浸润，强化了"小数不小，小数的世界很大"的学习感悟，激励学生不断深入领略小数学习的高妙境界。当然，这其中还有小数位数的拓展，让学生感受到小数的位数越多就越精确。

◎创意练习的设计类型

叶柱老师设计的练习：

猜一猜，下面的小数可能表示什么？

A.35.5千克　　　B.2.39米　　　C.8844.43米　　　D.2.5

该练习引导学生发挥合理猜想，猜测带单位小数的生活原型，数感培养由此落到了实处。其中D选项为开放题，让学生自加单位，有多种解释。

青蛙日记

A.一只青蛙跳过0.3米宽的田埂，来到宽11.58米的河面上，踏上了0.2平方米的荷叶，狂叫三声，扑通一下掉进了深0.96米的小河里。

B.一只青蛙跳过宽宽的田埂，来到宽宽的河面上，踏上了大大的荷叶，狂叫三声，扑通一下掉进了深深的小河里。

①课件出示两篇日记，学生自由阅读。

②你更欣赏哪一篇日记？为什么？（学生发表意见，教师评价）

小结：用数学的眼光来看待这个世界，你的生活将会更加准确！

数学日记作为练习是一种新颖的方式，以上练习通过两则日记的朗读对比，让学生切实感受到"运用小数可以使描述更准确"的价值观念。

钱建兵老师设计的练习：

用小数表示阴影部分（如图 5-21）。

图 5-21　用小数表示阴影部分

教师出示上图，让学生抢答。第 1、第 2 幅图没有问题，当出示第 3 幅图时，学生可能会出现两种答案：0.1 和 0.5。让双方学生进行辩论，并借助细分成 10 份的图帮助学生理解。

以上练习中的第三幅图给学生的思维设置了障碍，就是这一障碍和对不同答案的辨析过程，让学生对概念的认识又向前了一步，凸显了十等分的重要性。第三幅图提醒学生不能被表面所迷惑，而要借助思维，透过现象看本质。

宋煜阳老师设计的练习：

根据小数涂色（如图 5-22）。

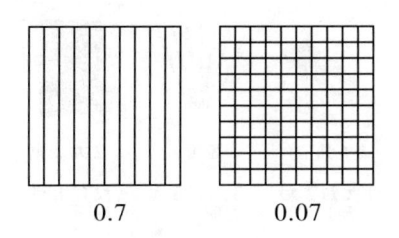

图 5-22　根据小数涂色

学生涂色后反馈思考过程，围绕"$0.7 = \frac{7}{10}$"展开讨论：

①如果这个正方形代表 1 元，涂色部分表示多少钱？得出 7 角 = $\frac{7}{10}$ 元 = 0.7 元。

②如果这个正方形代表 1 角，涂色部分表示多少钱？得出 7 分 = $\frac{7}{10}$ 角 = 0.7 角。

③出示"$\frac{7}{10}$（　）= 0.7（　）"，思考：如果是"米"，$\frac{7}{10}$米 = 0.7米表示多长？得出：7分米 = $\frac{7}{10}$米 = 0.7米。

④呈现"7（　）= $\frac{7}{10}$（　）= 0.7（　）"，你还能想到什么单位？

以上练习意在"逼迫"学生从小数想到分数，强化两者的联系。宋老师的教学处理很不简单。从抽象的数回到"角和元""分和角"，又延伸到"米和分米"，并在"7（　）= $\frac{7}{10}$（　）= 0.7（　）"单位推向中，把具体的材料进行拓展。通过这样的练习，促使学生对个别具体量的感知跃升为对一类现象的感知——只要两个量之间存在十进关系就可以用"$\frac{1}{10}$（　）= 0.1（　）"的方式表达，为小数意义的学习积累更多的感性经验。

王玉东老师设计的练习：

根据图 5-23 上的信息，猜猜看，每种商品可能花了多少元。

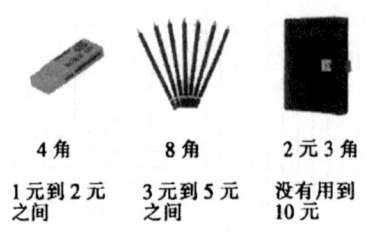

4角	8角	2元3角
1元到2元之间	3元到5元之间	没有用到10元

图 5-23　商品价格信息

（注：上面的 4 角、8 角、2 元 3 角是各商品的单价）

先猜橡皮花的钱，有的学生猜的过程中只关注范围，而有的学生不仅关注了范围，还关注了单价，让学生讨论哪一种方法好。然后用好的办法猜铅笔和本子各花的钱。

猜价格的练习在很多设计中用到，但往往因为缺乏数学味，仅仅起到活跃气氛的作用，对于学生的思维发展作用不大。而该练习的设计，不但

5 教学设计研究

激发了学生的兴趣,还"逼"着学生往数学的深处去思考。范围和单价的双重关注使得学生的思维能力得到了发展。

赵海峰老师设计的练习:

蜗牛爬杆

①课件演示第一天两只蜗牛爬的高度(如图5-24),让学生表示蜗牛爬的高度:小蜗牛的高度是 3 分米 = $\frac{3}{10}$ 米 =0.3 米,大蜗牛的高度是 76 厘米 = $\frac{76}{100}$ 米 =0.76 米。

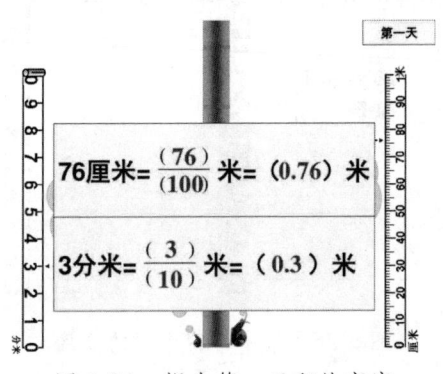

图5-24 蜗牛第一天爬的高度

②课件演示第三天蜗牛爬的高度(如图5-25),让学生用小数表示:小蜗牛的高度是 0.9 米,大蜗牛的高度是 0.90 米。质疑:同样的高度,为什么写的小数不同?小结:0.9米和0.90米的大小是一样的,但表示的意思不一样。

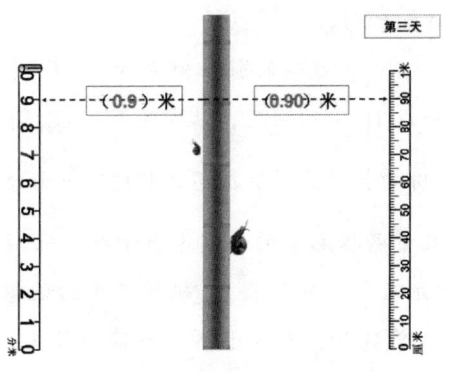

图5-25 蜗牛第三天爬的高度

③课件演示第四天两只蜗牛爬杆的高度（如图5-26），让学生用小数表示蜗牛的高度并说想法。问学生：第四天你希望谁赢？小结：游戏的结果带给我们新的思考，大蜗牛的最终高度到底是多少米？怎样才能用小数准确地表示出来？其实关于小数还有很多知识有待于同学们去探索，老师希望我们每位同学都能继续不断向上、勇于探索。

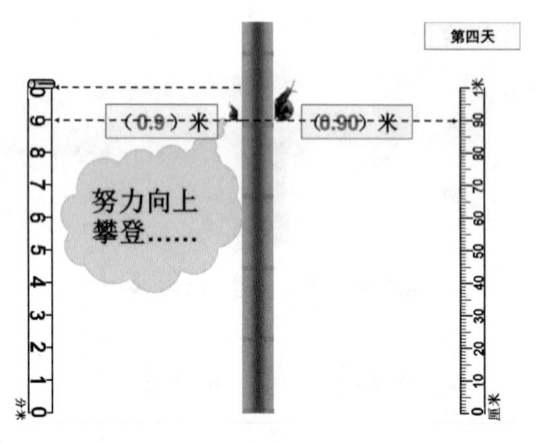

图5-26 蜗牛第四天爬的高度

以上围绕"蜗牛爬杆"这一情境，设计了一个富有趣味性的比赛游戏。在轻松有趣的氛围中，用同一个材料将"技能的强化巩固""0.9米和0.90米意义的沟通""1.1米的拓展理解"充分地展开交流，对后续小数相关内容的学习起到了积极作用。

许卫兵老师设计的练习：

数轴的引入和学习

①出示一根均分成10份的米尺，让学生数一数，在米尺上，1米被平均分成了多少份，1份的长度是多少？怎么想的？（1分米、$\frac{1}{10}$米、0.1米）

②让学生用米尺量两根彩带的长度（出示红、绿两根彩带，红彩带长0.9米，绿彩带超过1米，不足2米）。根据学生的设想演示两种办法，一是把超过1米的零头单独量，有3小格，彩带全长1.3米；二是在原来的米尺后面再增加一根米尺，变成2根米尺，直接看出是1.3米（如图5-27）。

继续思考：如果彩带的长度超过了 2 米，怎么确定它的长度？

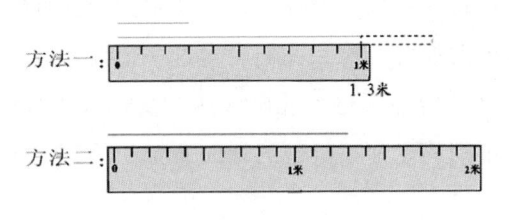

图 5-27　两种量彩带的方法

③揭示：在数学里，有一种简洁的方法能把大家的意思表示出来（课件演示将 2 根米尺渐变成带箭头的数轴），并向学生介绍：向箭头的方向延长，我们就能表示更多的数，这叫做数轴。数轴下面的这些数 0、1、2、3……都是以前碰到的，叫自然数，自然数是整数的一部分。如果将这根数轴再延长些，我们还能在上面标出自然数。想一想：如果将数轴上的每一段都平均分成 10 份（如图 5-28），现在这些点用什么数表示？

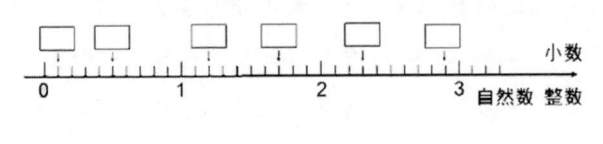

图 5-28　数轴

以上数轴的引入和学习从米尺开始，教师先组织学生观察、认识舍去厘米而特制的米尺，让学生发现 1 米长度在米尺上也是被平均分成 10 份，突出了小数的十进制。接着使用米尺测量红、绿彩带，在讨论多种量法中引出数学上的简洁方法，用"向箭头的方向延长表示更多的数"，从而引出了数轴，并由"数轴再延长"进而导出自然数及与自然数相联系的无数个小数。从实物米尺和数轴的联系中简约构思，依托米尺与数轴内在的十进制联系将小数的组成进行有形化、直观化表达，这样的处理方式值得借鉴。

5.2 教学设计赏析

在搜集到的一百多篇教学设计中，与北师大版教材配套的设计仅有两篇，但真正有特色的仅有一篇，我们将对这一篇设计进行赏析。另外，浙江省特级教师袁晓萍曾经上过与北师大版配套的《小数的初步认识》，我们几经周折拿到了别的老师在听她的课时所记的笔记，我们也将作整理和赏析。

5.2.1 教学目标赏析

相比分数，小数在现实生活中应用更加广泛，学生在日常生活中或多或少都接触过一些小数。正是基于这样的考虑，北师大版教材先安排学习小数，再学习分数。单元第一课时以学生最为熟悉的元、角、分为背景，来帮助学生初步理解小数的意义，知道表示单价的小数的实际含义；单元最后一课时借助常用的长度单位米、分米、厘米之间的关系进一步理解小数的实际意义。针对北师大版教材第一课时的教学设计，会如何阐述教学目标和重难点？

◎ 教学目标阐述

张献伟老师制定的目标：①结合人民币单位元、角、分的关系，初步认识小数的意义，知道小数点的作用，知道以元为单位的小数表示的意思，能把几元、几角、几分写成以元为单位的小数。②经历把整数计数方法拓展至小数的过程，体会小数与整数计数方法的统一。③在富有探索性的数学活动中，体会引入小数的必要性，体验数学探究的快乐。

赏析：细读目标不难发现，张老师从知识与技能、过程与方法和情感态度与价值观三个方面进行阐述，非常具体。其中知识与技能方面，要求初步认识小数的意义，具体地说是知道以元为单位的小数的意思，也要能把几元几角几分转化成以元为单位的小数。小数是十进制计数法向相反方向的延伸，因此，在过程与方法方面，希望学生经历把整数计数方法拓展到小数的过程，体会两者的统一。情感态度与价值观方面，则是希望学生能够体会到为什么要学习小数。

袁晓萍老师制定的目标：①结合生活经验认识小数，会读写小数部分不超过两位的小数，知道以元为单位的小数的实际含义，能运用相关的知识解决。②整体构建"小数与整数"的联系，掌握数的研究方法，通过新旧知识对比模仿反射，形成新的数的认识体系。③感受、体验小数产生于生活，感受生活中处处都存在小数，激发学生学习数学的兴趣。

赏析：袁老师的目标也非常可感，同样也是围绕新课程提出的三个方面来阐述的。与张老师的目标相比，我们认为袁老师在以下两个方面有特色，一是强调运用生活经验帮助学生学习新知，二是强调运用对比的方法与整数进行联系。情感态度与价值观方面也有所不同，袁老师希望学生能够体验到小数的产生是生活所需。

小数的产生有两条途径，一是数学内部的发展，二是生活实践的需要。张老师的目标更关注前者，而袁老师的目标更关注后者。

◎ **教学重难点**

只有袁晓萍老师在她的上课资料中给出了教学重点和难点。

教学重点：认识小数，知道以元为单位的小数的实际含义。

教学难点：整体构建小数与整数的联系。

赏析：概念教学，不仅要认识概念本身，还要让学生理解概念与概念之间的关系。所以将概念放到一个关系网中，在概念的相互联系中去认识概念，是一个比较有效的教学方法。正是基于这种考虑，袁晓萍老师将本节课的难点定位为整体构建新概念与旧知之间的联系。

5.2.2 教学过程赏析

◎ **导入**

张献伟老师设计的导入：

①出示含有个位、十位、百位的数位顺序表及数字卡片1，提问：如果用数字卡片1表示屏幕上的钱是多少元，应该分别把卡片放在哪个数位上？（屏幕上依次出现一张百元、一张十元与一张一元）要把数写下来，该怎么写？

②小结：都是数字卡片1，放在不同的数位上，可以表示不同的大小。

赏析：这是一个有数学味的导入。整数是按照十进位值制原则进行记数的，所谓十进制是指满十进一，所谓位值制是指同一个数字由于它所在

《 小数的初步认识教学研究

的位置不同而表示不同的值。用数字卡片 1 在数位顺序表中分别摆放 100 元、10 元、1 元，三个 1 需放在不同的数位上，让学生体会了整数的十进位值制这一记数规则。

袁晓萍老师设计的导入：

①课件呈现一本数学书，并以人民币的形式出现价格（一闪而过），让学生记录价格。

②交流两种记录方法：6 元 7 角 6 分、6.76 元，重点解释 6.76 元。

③谈话：这样的数叫什么数？生活中见到过这样的数吗？在哪里见过？

④揭题：这节课我们一起来认识小数。

赏析：小数在生活中随处可见，特别是表示价格的小数。袁老师从学生手边的数学书标价入手，以人民币的形式呈现标价，在学生的记录及交流中引出小数。这一导入遵循了学生的已有生活经验，有效激发了学生的学习兴趣，而且还让学生感受到了数学源于生活。

◎探索新知

张献伟老师的设计：

1）创造新数位

（出示 1 角硬币）让学生用数字卡片 1 来表示这是多少元，该把卡片放在哪一位上？

在学生尝试和交流后小结：数位表上的数位不够用，我们可以创造一个新的数位（课件演示，如图 5-29），把数字卡片 1 放到个位右边的数位上。

百位	十位	个位	
		1	

图 5-29　数位顺序表

2）认识 0.1 元

① 1 角 =（　　）元，学生尝试记录，教师巡视，搜集有代表性的两种

记录方法，方法一：.1元，方法二：0.1元。

②交流讨论：同意哪一种？为什么？为什么要写"."？个位的"0"是什么意思？

③小结：在个位的右边再创造一个新的数位，把数字卡片1放到这个数位上，表示1角，写下来是"0.1元"。这是一种新的数，叫小数。小圆点叫小数点，0.1读作：零点一。

3）认识0.01元

①（出示1分硬币）如果还是用数字卡片1来表示这是多少元，又该把卡片放在哪一位上？根据学生的反馈课件在图5-29的数位顺序的右边增加一个新的数位。

② 1分 =（ ）元，学生尝试记录，教师巡视，搜集有代表性的记录方法：0.01元、00.1元、0.0.1元。通过交流得到正确的记录方法。

4）认识不同位置上的"1"

① 0.01元和0.1元中的两个"1"在大小上有什么关系？小结：0.01元的"1"表示1分，0.1元的"1"表示1角。10个0.01是0.1。

②课件演示数字卡片1从百位开始逐步向低位移动，让学生说出每一位上的"1"表示多少元，并观察：这些"1"表示的数量有着怎样的变化规律？

5）认识其他小数

把5角、7分、35分改写成"多少元"的形式，重点交流35分，到底是0.35元还是0.035元，课件演示35分变成3角5分的过程，帮助学生理解。

赏析：本环节中教师让学生经历了数概念的拓展过程，体会到了引入小数是为了表示现实生活中"不到1"的情况，小数点是为了标明"个位在哪里"而创造的一个符号，从而体会到小数点的重要作用。在创造小数的过程中，在对"100元、10元、1元、0.1元、0.01元"这几个"1"表示的数量大小的比较中，渗透并逐步揭示了小数记数方法与整数记数方法之间的本质联系，帮助学生实现了知识迁移。

《小数的初步认识教学研究

袁晓萍老师的设计：

1）初步感知

①课件出示四种商品的价格：数学书每本6.76元、书包每个65.65元、尺子每把0.09元、铅笔每支0.90元。小组讨论：关于小数，已经知道了什么？还想问什么？

②围绕以下四个问题进行全班交流：哪里有？怎么写？怎么读？表示什么？

③借助微课认识小数的各部分名称。

2）经验理解

①让学生圈出3个人民币，并用小数表示出来（如图5-30）。

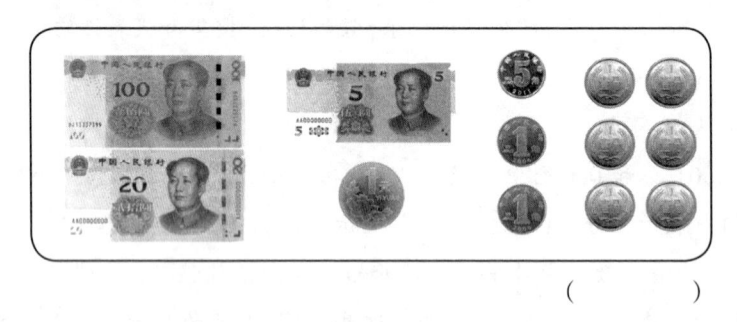

（　　　）

图5-30　圈人民币并用小数表示

②教师选择材料进行交流，重点讲解需要用0占位的小数。

③让学生圈出1.11元，说一说三个1分别表示什么意思，并在此基础上进行变化。一变：加上0.4元；二变：加上0.04元；三变：在1.55元的基础上一分一分地加，加到1.60元；四变：在1.60的基础上一角一角地加。

④将"三变、四变"的过程结合计数器呈现，课件演示在计数器上拨珠，学生一起数。小结：小数的数法与整数的数法其实是一样的。

3）多元表征

①用多种方法表示0.8元，四人一个小组讨论并记录。

②全班交流。方法一：在10个一角硬币中圈出8个；方法二：一个长

方形表示1元，平均分成10份，表示其中的8份；方法三：一条线段表示1元，平均分成10份，表示其中的8份；方法四：计数器上表示0.8元。

③对比小结。

赏析：本环节在人民币背景下进行教学，袁老师让学生经历了这么几个过程：一是对生活中以元为单位的小数的解读，并适时学习了小数的读写、各部分名称等；二是圈人民币写小数的活动，这实际上是让学生经历将几元几角几分转化成小数的过程；三是通过"四变"进一步加深学生对以元为单位的小数的理解，并体会了小数的记数方法与整数记数方法的一致性，即满十进一；四是用多种方法表征0.8元。有两点值得点赞：一是在数的整体关系网中，让学生感受数与数之间的联系与区别，从而认识小数；二是多元表征0.8元，在多种方法的交流中让学生感受变化中的不变，突出了概念的本质。

◎ 练习设计

因听袁晓萍老师的课时没有记录到练习，相关资料中也没有收录到练习，所以这里只呈现张献伟老师设计的练习。

练习设计（张献伟，2016）：

①想一想，你还在哪里见到过小数？

②（课件出示文具店的一角）读出各文具标价，说一说分别表示几元几角几分。

③想一想、填一填：出示人民币，让学生写出几元几角几分和以元为单位的小数表示。

④播放小数的历史。

赏析：练习①让学生把小数的眼光从只关注价格迁移到了更广阔的生活。练习②和练习③是对知识技能的训练，刚好对应了将以元为单位的小数转化成几元几角几分和将几元几角几分转化成以元为单位的小数。练习④则带领学生了解了小数的历史。四道练习，不够新颖，也没有什么特色，但在知识技能的掌握和数学文化的渗透上是到位的。

《 小数的初步认识教学研究

5.3 教学设计重构
5.3.1 与北师大版教材配套的新设计
◎基于前测材料设计教学

所谓前测材料是指对学生进行前测后所得到的素材。我们可以通过对前测材料进行分析,得到教学的启示,从而指导教学;也可以既用前测启示指导教学,也将前测的原材料运用于课堂。以下是我们的尝试。

【教学目标】

①学会认、读、写简单的小数,以元、角、分和常用的长度单位为背景,初步理解以元、米为单位的小数的实际意义,感受小数与实际生活的密切联系。

②能借助元、角、分和常用长度单位之间的十进关系初步理解个位、十分位、百分位之间的十进关系。

【教学过程】

1）交流生活中的小数

①揭题:学数学都在和"数"打交道,这节课我们来学习一种新的数(板书:小数)。

②交流生活中的信息。

前一天布置学生到生活中寻找含有小数的信息,教师挑选其中6条以课件的形式呈现出来与大家分享,并判断是否都找对。

a. 三年级上册数学书6.76元。

b. 一条鱼重0.8千克。

c. 爸爸的车子加了45.455升的汽油。

d. 菜市场里的烤鸡52元一只。

e. 珠穆朗玛峰高8848.43米。

f. 钢笔6元一支。

交流了对与错之后,单击课件,分成两类,并揭示:52和6是以前学的数,我们把它叫做整数,其他四个才是小数。

③交流各部分名称、写法和读法。

以找小数共同点的方式揭示小数点,并让学生仔细观察小数点的位置,学会正确书写。介绍小数的各部分名称,并以比喻的方式教学读法,即读小数部分的数字要像读电话号码一样一个一个地读出来。

2)理解以元、米为单位的小数

①明确任务。

生活中有这么多的小数,这节课我们主要来研究表示价格和长度的小数。

②交流学情检测题。

第1题(如图5-31):

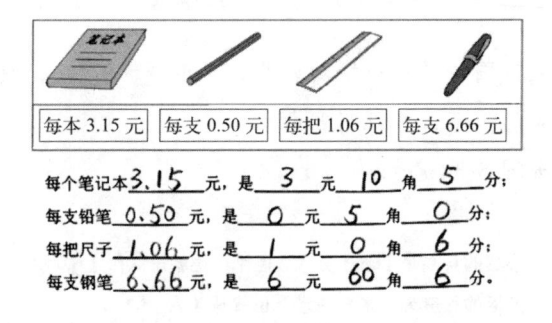

图 5-31 学情检测题 1

交流重点:3.15元和6.66元小数点右边的1和第1个6为什么不是表示10角和60角?0.50元的整数部分为什么是0?1.60元和1.06元有什么区别?

第2题(如图5-32):

图 5-32 学情检测题 2

利用猜测的方式让学生猜一猜可能哪一题错得最多?会出现怎样的错误答案?然后课件出示学生的错误答案,在交流中明确为什么中间这幅图是2.04元而不是2.4元?为什么右边这幅图是0.81元而不是8.1元?

183

《 小数的初步认识教学研究

第3题（如图5-33）：

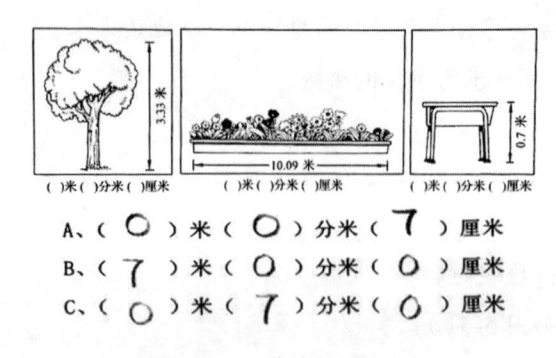

（ ）米（ ）分米（ ）厘米　　（ ）米（ ）分米（ ）厘米　　（ ）米（ ）分米（ ）厘米

A、（ 〇 ）米（ 〇 ）分米（ 7 ）厘米
B、（ 7 ）米（ 〇 ）分米（ 〇 ）厘米
C、（ 〇 ）米（ 7 ）分米（ 〇 ）厘米

图5-33　学情检测题3

这一题的交流围绕最后一幅图展开，出示A、B、C三种答案，让学生选择自己认为对的一个，并说明理由。

第4题（如图5-34）：

小丽的身高是1米1分米3厘米，也就是（ 1.13 ）米。
黑板的长度为4米5厘米，也就是（ 4.5 ）米。
课桌的高度是7分米4厘米，也就是（ 7.4 ）米。

图5-34　学情检测题4

经过前面的交流，这张作品上的错误，可以放手让学生自主更改并交流。

③沟通比较。

课件同时出现前面交流的四道题目，让学生给它们分分类，并说明理由。

思考：单位不同，有什么相似的地方？

小结：以元为单位的小数，小数点前面表示元，小数点后第一位表示角，小数点后第二位表示分。以米为单位的小数，小数点前面表示米，小数点后第一位表示分米，小数点后第二位表示厘米。（课件展示，如图5-35）

5 教学设计研究

元	角	分		分米	厘米
3	.1	5 元	3	.3	3 米
0	.5	0 元	10	.0	9 米
1	.0	6 元	0	.7	米

图 5-35　各个数位上数字表示的含义

结合图 5-36 讨论相似的原因。

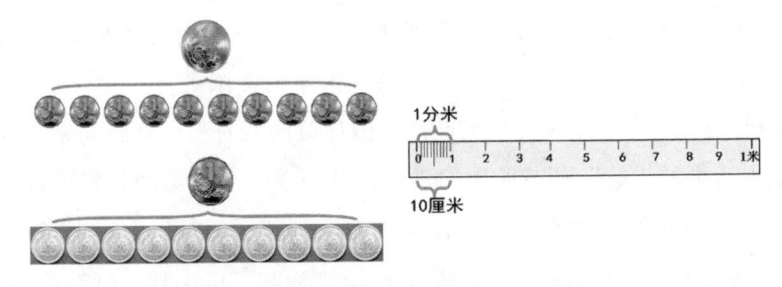

图 5-36　对比中感受相似的原因

小结：单位不同，但相邻两个单位之间的进率都是 10，所以两者之间非常相似。（出示进率表，如图 5-37）

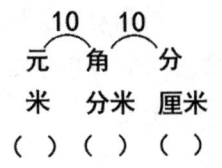

```
       10    10
   元   角    分
   米   分米  厘米
  (  ) (  )  (  )
```

图 5-37　相邻两个单位间的进率

3）巩固练习

①对位练习。

课件依次闪现□.1 元、□.□1 元、□.1 米、□.□1 米，组织学生

185

对小数中"1"的含义进行抢答。

②给小数述说背景。

2.70　0.27　27.00　27.27

让学生分组讨论：如何利用上面的小数想象问题的背景，如何根据背景讲述利用这些小数的故事。在学生汇报的时候，要特别提醒学生注意：小数的基本单位是什么？小数的十进制是如何体现的？

4）全课小结

①这节课上到这儿，马上就下课了，说一说你有什么收获？

②有人说：小数很小。你同意这句话吗？为什么？

小结：小数不小，小数的世界很大，今天这节课我们只是初步认识了小数，小数的王国里还有很多知识等待着同学们去探究。

设计意图：本节课最大的亮点是主体环节的所有教学材料均来自前测。"交流生活中的小数"环节所用的素材是从课前学生搜集的材料中选择的。6条信息，有小数，也有整数，让学生在明判断、暗对比中明晰了小数的特征。选取的4个小数有一位小数、两位小数和三位小数，有整数部分小的也有整数部分相对比较大的，目的是让学生在丰富的小数例子中构建正确的小数概念。"理解以元、米为单位的小数"环节，采用了作品展示的方式，不仅把常见错误蕴含其中，同时也激发了学生的兴趣和主动性。孩子们自己欣赏作品、自己猜测可能的错误、自己修改错误，在析错、纠错中明晰意义。"沟通比较"环节，通过分类和对比提炼出小数位值单位，并形成"进率表"，不仅让学生对每一位表示的意思了如指掌，还让学生初步理解了小数相邻两个计数单位间的十进关系。

◎ **基于红包素材设计教学**

微信红包是腾讯旗下产品微信于2014年1月27日推出的一款应用，由于该应用对用户心理与需求的准确把握、操作简单、易用性强，再加上引入了游戏原理，成了大众皆玩的一个休闲游戏。正因为微信红包的盛行，给我们数学中的小数又积累了一个生活经验。不管是在一、二年级还是三年级的学生进行的前测中，都了解到很多学生因为抢红包理解了以元为单位的小数。如何让这一互联网的新生事物成为"小数的初步认识"课堂上的学习素材？以下是我们的尝试。

【教学目标】

①结合微信抢红包产生的小数，借助元、角、分初步理解小数的意义，学会认、读、写简单的小数。

②能把以元为单位的小数改写成几元几角几分的形式，也能把几元几角几分的人民币的币值用以元为单位的小数表示，体会相邻计数单位之间的十进关系。

③感受小数在日常生活中的广泛应用，体会数学与日常生活的密切联系。

【教学过程】

1）导入

①猜一猜引出小数。

课件出示微信红包（图 5-38 中的左图）：玩过微信抢红包吗？抢红包的游戏中会碰到一些数。会碰到怎样的数呢？点击课件依次出现图 5-38 中的中图和右图。猜一猜，可能抢到多少？

图 5-38 微信红包

学生一般来说都用几元几角几分描述猜测的结果，教师揭示：比 3 元多，比 4 元少，除了用几元几角几分表示，还可以用这样的数表示（课件

《 小数的初步认识教学研究

出示 3.15 元并板书)。

②揭示名称。

还有其他朋友也抢了红包(课件出示图 5-39),观察这些数,与以前学的数有什么区别?

图 5-39 红包钱数

这些数有它自己的名字,知道叫什么吗?(板书课题:小数)

揭示各部分名称:一个小数由三部分组成,这个点叫小数点,小数点前面的部分叫整数部分,小数点后面的部分叫小数部分。(板书:小数点、整数部分、小数部分)

③学习读法:先让学生自读小数,听到了两种声音:三点一五、三点十五,让学生说说同意哪种,揭示正确读法。

2)探究

①谁抢得最多?你是怎么想的?在交流想法的过程中明晰以元为单位的小数表示的实际意义。对比 0.50 元和 0.05 元,思考:为什么整数部分是 0?数字 5 分别表示什么?

小结:小数点左边表示元,小数点右边第一位表示角,第二位表示分。

（板书：元、角、分）

②用小数表示特殊压岁包的金额。

刚才我们讨论的是微信红包，生活中你收到过红包吗？还记得一年级的时候，在学习人民币之前准备的特殊压岁包吗？（出示图5-40）

```
我国有以下币值的人民币：
  硬币：1分、2分、5分；    纸币：1角、2角、5角；
       1角、5角；              1元、2元、5元；
       1元。                   10元、20元、50元、100元。
```

图5-40　特殊压岁包

怎么用小数的形式表示下面的这些特殊压岁包里的金额？在作业纸上试一试。

压岁包1：

压岁包2：

压岁包3：

压岁包4：

重点交流整数部分为0和十分位为0的压岁包。

3）巩固提升

①快速反应游戏：天降红包，课件点击打开红包，如果看到小数的形式，说出几元几角几分；如果看到几元几角几分，就说出相应的小数。（课件闪现：7.80元、20元5分、4角5分、20分、1.23元）

②体会小数与整数的关系。课件出示标有元角分的计数器（如图5-41），让学生说一说如果要在这个计数器中拨出刚才红包中的1.23元怎么拨？想

《 小数的初步认识教学研究

让红包变得大些,加上0.3元,怎么拨?再加上0.03元呢?一分一分加,数一数。一角一角加,数一数。想一想,在最后的结果里拿走1分是多少?(所有过程都是结合计数器边拨边数)

图 5-41　计数器

小结:小数的数法与整数的数法其实是一样的。

4)总结拓展

①回顾一下,这节课有什么收获?(小数的认、读、写,直观理解以元为单位的小数)

②除了抢红包时碰到小数,你还在哪里见过小数?课件出示图 5-42,超市里的小数、身高里的小数、体温中的小数、表示质量的小数、表示时间的小数。

图 5-42　生活中的小数

小结:只要你有一双善于发现的眼睛,会发现生活中有很多小数。

设计意图：从前测中了解到，微信红包帮助学生积累了理解以元为单位的小数的经验。由生活经验向科学概念的转化接受过程就是教学。如何有效利用学生积累的这一经验？课一开始，我们创设了学生喜闻乐见的抢红包情境，让学生在猜红包金额的过程中体会了小数产生的必要性和小数的区间。接着又在比红包大小及交流的过程中梳理了原有经验，并将生活经验上升到理性层面。除了微信红包，生活中学生还会在其他场合收到各种各样的红包。该批学生在一年级时曾经做过关于人民币的项目学习，其间曾经包过特殊的压岁包。因此，在后续环节中，我们又结合特殊压岁包帮助学生梳理了将几元几角几分转化成小数的经验。微信红包的顺向解读加上特殊压岁包的逆向转化，完成了本节课的主要内容，快速反应游戏巩固了知识技能，在红包里添钱则让学生体会到了小数与整数的联系。

5.3.2　与其他教材相配套的新设计

◎基于多元表征理论设计教学

多元表征理论认为，从不同的角度对同一数学对象进行多元表征，可以使数学学习对象多角度地具体化，能够使数学对象被全面透彻地感知。美国学者莱许等曾借助图 5-43 来说明数学概念的发展过程，学者们指出："实物操作只是数学概念发展的一个方面，其他的表述方式——如图像、书面语言、符号语言、现实情景等同样也发挥了十分重要的作用。"

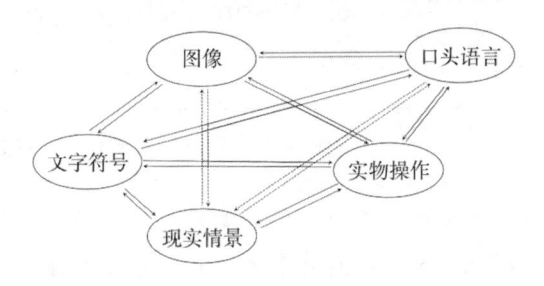

图 5-43　数学概念的发展过程

那么，在"小数的初步认识"一课中，如何让学生经历多元表征概念的过程，如何引发多元表征之间的转换与转译，从而帮助学生深刻理解小

《 小数的初步认识教学研究

数的本质特征？我们做了以下尝试。

【教学目标】

①经历独立表征0.1、小组交流、全班交流和多种表征沟通的过程，理解0.1的意义。

②借助图形表征其他一位小数的意义。

③感受多元表征在数学学习中的作用，发展学生的发散性思维。

【教学过程】

1）自主表征

教师在黑板上板书"0.1"，直接布置任务：见过这样的数吗？你觉得它表示什么意思？请你用画图、文字等方法说明。

学生表征，教师巡视。

2）小组交流

小组里的四个人分别用了什么方法来说明0.1的意思？都对了吗？把你的方法在小组里说一说，其他同学评一评。教师搜集典型材料，拍照上传课件。

3）全班交流

①展示现实情景表征的材料（如图5-44）：

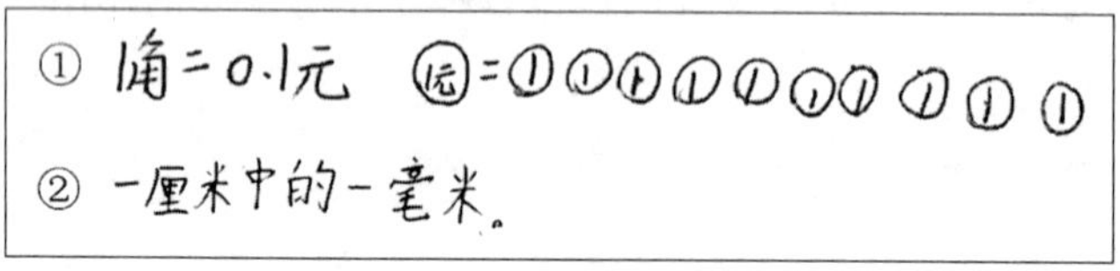

> ① 1角=0.1元　　1元=①①①①①①①①①①
> ② 一厘米中的一毫米。

图 5-44　现实情境表征的材料

先判断这两个作品是否正确，给予肯定后，借助1元等于10个一角硬币的图理解1角=0.1元，借助尺子理解1毫米=0.1厘米。

②展示口头语言表征的材料（如图5-45）：

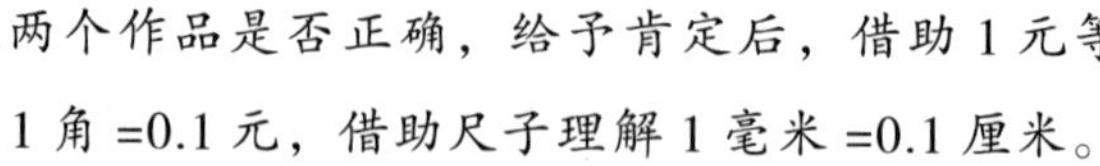

> 把一样东西平均分成10份，其中的一份就是0.1。

图 5-45　口头语言表征的材料

192

结合图 5-44 的两个具体例子理解这句话,即把 1 元平均分成 10 份,其中的 1 份就是 0.1 元;把 1 厘米平均分成 10 份,其中的 1 份是 0.1 厘米。

③展示图像表征的材料(如图 5-46):

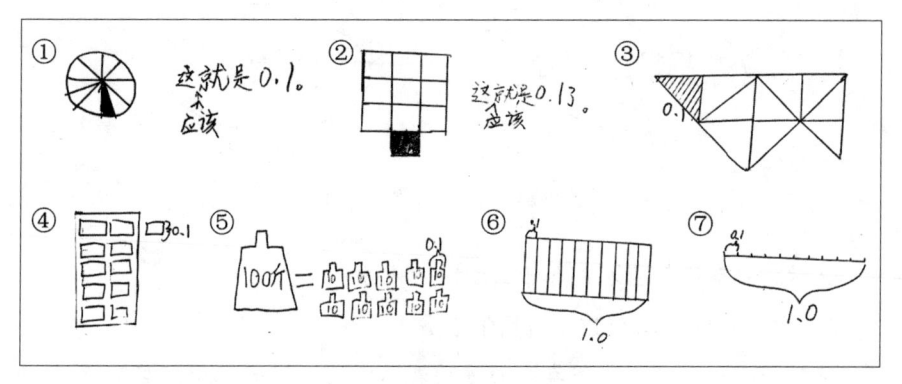

图 5-46 图像表征的材料

先自己选择一幅图说一说表示什么意思,然后借助长方形图和线段图赋予具体的量进行理解:如果 1 个长方形表示 1 元,其中的一格表示多少?如果 1 个长方形表示 1 米呢?1 平方米呢?1 千克呢?……

④展示文字符号表征的材料(如图 5-47):

图 5-47 文字符号表征的材料

判断是否正确,并与前面几种表征联系起来说理由。

4)回顾沟通

①一个简单的 0.1,同学们却给出了如此丰富的解读。

回顾一下,我们用了几种方式来表达对 0.1 的理解?(根据交流课件形成如图 5-48 的形式)

《 小数的初步认识教学研究

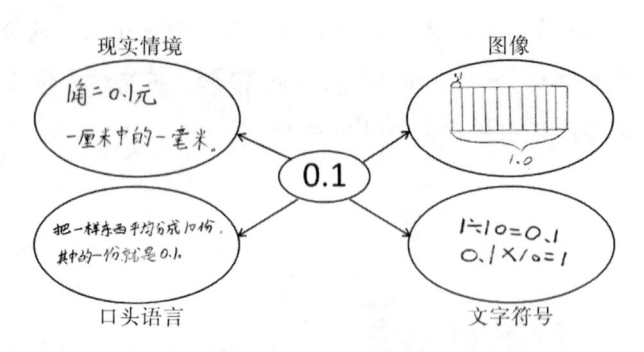

现实情境：1厘=0.1元，一厘米中的一毫米
图像
口头语言：把一样东西平均分成10份，其中的一份就是0.1
文字符号：1÷10=0.1，0.1×10=1

图 5-48　0.1 的多元表征

②讨论：各种表达方式有什么相同的地方？

5）学习其他一位小数（包括带小数）

选择一个一位小数，用喜欢的方式表示它的意思并在小组里交流。（具体过程略）

6）巩固练习

①说一说生活中哪里有小数？有什么样的小数？

②用多种方式表示3.8，在图5-49的圆圈中填一填。

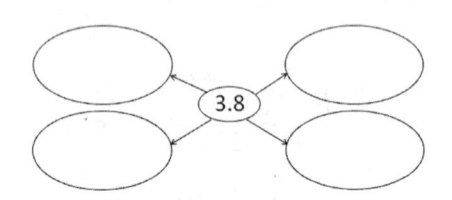

图 5-49　3.8 的多元表征

设计意图：呈现多元数学材料，激发多元数学思考，引发多元表征互译是多元表征理论指导下教学的基本策略。因此，课一开始我们便提供给学生足够的时间和空间，让学生用多种方式表示自己心目中的0.1的意思。在独立表征的基础上，组织四人小组交流和全班交流，让学生在交流中感受0.1的多元属性，从不同维度理解概念，并通过对比沟通最终达成多种表征的联通，加深对数学对象的本质的认识。值得提醒的是在全

班交流环节，虽然采取了有层次的反馈，但各种表征之间的关系并不是线性逐级递增的，它们是并列又有联系的，但相对来说文字符号表征比图像表征的思维层次高，所以不同表征的交流、转换和互译促进了学生思维水平的提高。

◎基于变式教学理论设计教学

变式教学在中国由来已久，分为概念性变式和过程性变式。传统意义上的概念性变式主要包括两类：一类是属于概念的外延集合的变式，称为概念性变式，其中又可以根据其在教学中的作用分为概念的标准变式和非标准变式；另一类是不属于概念的外延集合以及与概念对象有某些共同的非本质属性的变式，称为非概念变式，其中包括用于揭示概念对立面的反例变式。概念性变式局限于将概念作为一个既成事实（确定对象）进行教学，而实际上，每个概念都有一个形成过程，为了让学生体验概念的形成过程，顾泠沅教授提出了过程性变式。以下设计主要运用概念性变式展开教学。

【教学目标】

①经历对生活中数的分类的过程，了解小数的外部特征。

②经历利用图像独立表征 0.1 和选择概念的标准变式、非标准变式、反例变式进行全班交流的过程，理解 0.1 和零点几的意义。

③感受变式在数学学习中的作用，发展学生变与不变的思想。

【教学过程】

1）导入

①出示生活中关于数的信息（有整数、小数和分数），让学生对这些数进行分类。

②解读分类后小数信息中表示以元或米为单位的小数的意思。

2）探究

①如果用一个图形表示 1 元，怎么表示 0.1 元？（每位学生提供一个正方形、长方形、圆形、线段图）教师巡视并搜集材料。

《 小数的初步认识教学研究

②全班交流。

第一组材料：

交流要点：表示的都是0.1元吗？对比左图和中图：为什么涂色部分的位置不一样，但表示的都是0.1元？对比左图和右图：为什么分法不一样，但表示的都是0.1元？

第二组材料：

交流要点：表示的都是0.1元吗？图形不同，为什么涂色部分表示的都是0.1元？

③前面是用一个图形表示1元，如果一个图形表示的是1米、1平方米、1公顷、1时、1千克……平均分成10份，其中的一份是多少？挑其中一个单位说一说。

小结：将"1"平均分成10份，这样的1份是0.1。

④判断：下图的阴影部分都能用0.2表示吗？为什么？

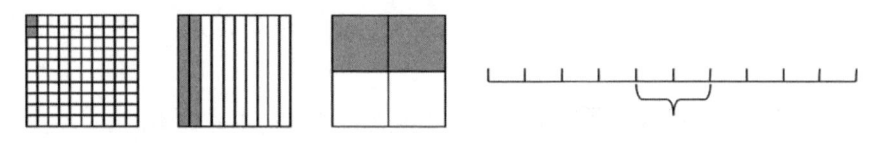

⑤点击课件将上面的第二个图放大，问：阴影部分还能用0.2表示吗？点击缩小，问：现在呢？

⑥除了0.1和0.2，你还能用手上的图形表示其他小数吗？要想表示1.2，怎么办？

⑦回顾：我们是怎么学习小数的？

小结：我们以前学习的整数中10个一是10，10个十是100，10个百是1000……今天学习的小数是将1平均分成10份得到的。以后我们还将把0.1继续分，得到别的小数。

3）练习

①下面这些信息中的数字是"小数"吗？把你觉得是的打"√"。

一本作业本的价格是3.50元。（ ）

2000.9.8是北京申奥成功的日子。（ ）

汶川5·12大地震让很多人失去了自己的亲人。（ ）

小明的身高是1.3米。（ ）

昨天我买了一条0.8千克的鱼。（ ）

三（1）班和三（2）班进行了足球比赛，比分为2∶0。（ ）

淘气所在的学校早上7:50到校。（ ）

珠穆朗玛峰高8848.43米。（ ）

3.1是我的生日。（ ）

②请尝试利用不同的图形表示2.4，并说说有什么异同。

设计意图：运用变式理论中概念式变式进行教学的基本特征是通过各种概念变式之间以及概念变式与非概念变式之间的差异与联系，把握概念的内涵与外延，实现对概念的多角度理解。联系到本节课，主要体现在以下几个方面。首先，利用非概念变式初步明晰小数的外部特征。导入环节，提供了生活中含有数的信息，在分类中帮助学生初步了解了小数的特点。其次，利用标准变式和非标准变式突出概念的本质属性。在学生选用喜欢的图形自主表征0.1元后，教师分为两次呈现材料，带领学生讨论交流，通过"为什么涂色位置不同，表示的都是0.1？""为什么分法不同，表示的都是0.1？""为什么图形不同，表示的都是0.1？"三个问题逐步帮助学生去除概念的非本质属性。最后，利用非概念变式明确概念的外延。0.2的教学环节、巩固练习的第一题，都利用了非概念变式，目的是预防或澄清学生在概念理解时可能出现的混淆，从而确切地把握概念的本质特征。

《 小数的初步认识教学研究

◎ **基于差异教学理论设计教学**

所谓差异教学理论是指在班集体教学中立足于学生个性的差异,满足学生个别学习的需求,以促进个别学习的需要,让每个学生在原有基础上得到充分发展的教学。如何在班级授课制的背景下实施差异教学呢?首先,我们要认识学生的数学水平差异,并把差异作为一种数学教学的资源进行开发与利用;其次,可以根据知识掌握的层次水平进行由低层次到高层次的教学。基于差异教学理论,"小数的初步认识"一课可以做如下尝试。

【教学目标】

①通过提供不同层次的探究卡,学生经历符合自身能力的探究0.1的意义的过程。在不同层次学生的交流互动中建构概念。

②让不同层次的学生根据自己的能力选择适合自己的学习方式,理解其他一位小数的意义。

③让不同的学生在差异教学中得到不同层次的发展。

【教学过程】

1)导入

课前在黑板上板书"小数",课一开始,让学生说一说,在生活中见过小数吗?在哪里见到过小数?见到了怎样的小数?

揭题:这节课我们要一起来初步认识小数,完善课题:小数的初步认识。

2)探究0.1的意义

先向学生说明:每一位同学都有一个信封,信封内有四张卡片,分别叫做A、B、C、D卡。每张卡上都有关于探索一位小数意义的一些提示。你可以先看A卡,如果觉得A卡上的问题有困难,就看B卡,如果还有困难,就看C卡,最后可以看D卡。

四张卡的内容设计如下:

A卡:请你解决下面的问题。

0.1是什么意思?请用你喜欢的方法表示。

B卡:请你解决下面的问题。

0.1元=1角,请用你喜欢的方法表示出0.1元。

5　教学设计研究

C卡：请你解决下面的问题。

0.1元=1角，下图的一个长方形表示1元，请想办法表示出0.1元。

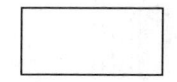

D卡：0.1元=1角，一个图形表示1元，请你选一选，下面哪个图的阴影部分表示的是0.1元？并写下你的想法。

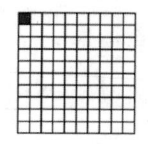

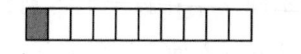

在独立探究的基础上，组织小组交流和全班交流。全班交流先请选择A卡的同学发表观点，其他同学补充。D卡的内容作为交流了0.1的多种表征后的巩固训练。

3）探究其他一位小数的意义

①除了0.1，还有哪些零点几的小数？请任选一个，用喜欢的方法表示。根据自己的能力选择学习方式：可以独立完成，也可以同桌一起完成。

汇报：几个0.1就是零点几，也就是十分之几。

②0.8、0.9，继续往下数是多少？再继续往下数呢？一个长方形表示1，怎么表示1.3？

4）巩固练习

请根据自己的能力选择其中的两道完成。

①在括号里填上合适的分数和小数。

3角 = $\frac{(\quad)}{(\quad)}$元 = (　　)元　　　(　　)角 = $\frac{(\quad)}{(\quad)}$元 = 0.9元

(　　)角 = $\frac{4}{10}$元 = (　　)元　　　6分米 = $\frac{(\quad)}{(\quad)}$米 = (　　)米

(　　)分米 = $\frac{(\quad)}{(\quad)}$米 = 0.8米　　　(　　)分米 = $\frac{5}{10}$米 = (　　)米

《小数的初步认识教学研究

②看图写小数。

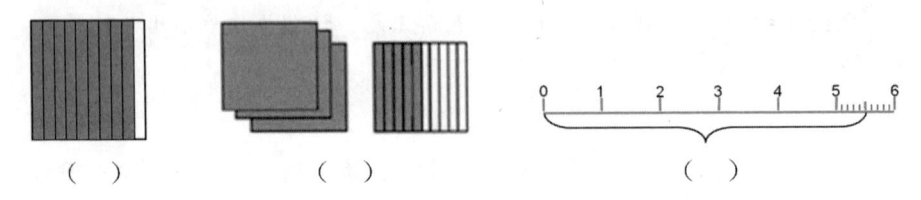

(　　)　　　(　　)　　　(　　)

③用画图的方法表示下列小数。

0.7米　　　2.6元

设计意图：差异教学的终极目的是让有差异的学生得到差异发展，即新课标所提倡的"让不同学生在数学上得到不同的发展"。如何照顾"不同"？本节课主要从以下三方面入手给足了学生选择的机会。一选学习任务。0.1的探究环节是本节课的主体环节，A、B、C、D卡的设计针对了不同层次的学生。A卡提供的任务最开放，B卡利用具体的量给出了小提示，C卡在所用素材上有了规定，D卡则是让学生经历选择的过程。在使用时遵循A-B-C-D卡的顺序，让学生根据自己的能力水平选择适合自己的探究任务。二选学习方式。学习了0.1后，对于其他一位小数的学习让学生自己选择学习方式，可以独立学习，也可以与他人合作。三选针对性练习。三道练习由易到难，由封闭到开放。不同能力的学生需要不同难度的练习来巩固新知，给学生自主选择的权利，照顾到了不同层次的学生。

◎基于绘本设计教学

学生的最爱是故事。"从小爱数学"就是一套让数学知识融入一个又一个有趣故事中的书籍，"小数"被藏在了《坏蛋格格巫的"好点子"》一书中。在轻松活泼的氛围里，小数概念被悄悄地诠释，冷冰冰的数与数之间的关系变得活泼。更棒的是，跟这些充满童真的故事相配的，是一幅又一幅夸张可爱、色彩鲜艳的漂亮图画，小数知识隐藏其中，浅显易懂，趣味十足。如何基于如此有趣的绘本展开对小数的学习呢？我们做了如下尝试。

【教学目标】

①经历独立阅读绘本、独立绘制思维导图和小组交流、全班交流的过程，初步感知小数，体会小数的意义。

②培养学生数学阅读的兴趣和解决问题的能力。

③培养学生诚实、善良、积极努力的品质。

【教学过程】

课前：布置每个学生独立阅读《坏蛋格格巫的"好点子"》一书，利用绘制思维导图的方式梳理书中提到的格格巫的"好点子"及取得的效果，并提出自己阅读后不明白的问题。

1）交流课前阅读情况

①交流故事大意。

（课件出示绘本封面，如图 5-50）课前同学们已经阅读了这本书，并根据主要内容绘制了思维导图。让学生带着思维导图，用简短的语言与大家分享故事。

图 5-50　绘本封面

故事大意如下：好吃市的蛋糕街上有 3 家蛋糕店，老奶奶蛋糕店生意最兴隆。老奶奶要退休了，她将手艺传给了隔壁的夫妇蛋糕店。夫妇俩得到老奶奶的真传，一天早上，做了 100 个蛋糕。为了省去包装的麻烦，他们将 10 个蛋糕包成 1 袋出售。格格巫想让夫妇俩每天卖出的蛋糕少一些，连续给出了 3 个"坏点子"，分别是单个出售、一条一条出售和一片一片出售。可是没想到这些点子让夫妇俩的生意越来越好，格格巫只好灰溜溜地离开了蛋糕街。

②揭题：通过阅读这个故事，你了解到了什么数学知识？（板书：小数）

《 小数的初步认识教学研究

2）分析三个点子

过渡语：夫妇俩自己想到的办法是10个一袋（贴出1袋蛋糕），这一袋蛋糕可以用什么数表示？（板书：10）可是格格巫给出的点子是什么样的呢？

①点子1：单个卖。

贴出1个蛋糕。问题：一个一个卖，生意如何？怎么记录大妈买的1袋蛋糕多2个？怎么想的？

小结：几个1就是几？（12个1就是12）

②点子2：一条一条卖。

格格巫看到生意这么好，非常生气，又想到了什么点子？怎么得到1条蛋糕？其中的1条用数怎么表示？8个多7条又怎么表示？请用一张正方形纸表示1个蛋糕，分一分，并试着用数表示1条和8个多7条蛋糕。

学生操作并汇报。

③点子3：一片一片卖。

格格巫看到切成条的蛋糕大受欢迎，非常气愤，又给出了点子。按这次的点子，夫妇俩记下了一个年轻男子买走的蛋糕数：1.32个，你能试着说一说1.32个蛋糕的意思吗？独立思考—小组交流—全班交流，交流的过程中要说出怎么分，其中一片用什么数表示。

④回顾卖蛋糕的过程：10个一卖—单个卖——条一条卖——片一片卖，用数表示就是：10—1—0.1—0.01。你有什么发现？

交流后形成如图5-51的板书。

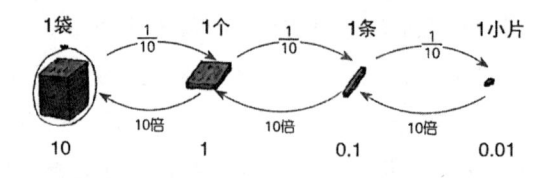

图5-51 相邻两个计数单位之间的关系

小结：小数和整数一样，都是采用十进制计数法记数的。

⑤猜一猜，如果格格巫继续出点子，会出怎样的点子呢？这会儿得到

的其中的一份可以用怎样的小数表示？

学生独立思考并汇报。

3）游戏

用若干正方形纸、正方形纸十等分后的纸条和百等分后的小纸片当道具，同桌两人一人当售货员、一人当顾客，做买卖蛋糕的游戏，要求：售货员用小数表示出顾客所买蛋糕的数量，顾客核对表示的是否正确。

4）拓展

课后阅读绘本P30—33"我想知道更多""小数和自然数相似吗？""3.2大还是3.16大？"三部分，了解关于小数的其他知识。

设计意图：基于绘本设计小数的教学遵循了很多"巧合"。一是恰巧有这一内容的绘本。《坏蛋格格巫的"好点子"》这本绘本故事精彩、配图生动，难能可贵的是揭示了小数的本质，并打通了小数与整数之间的关系。二是恰巧这个年龄段的学生喜欢故事又有了一定的抽象能力。内容和学习对象的完美结合，让"小数"概念得以有效建立。要说明一点的是这节课是基于绘本的"小数"内容的教学，而不是绘本教学，也就是说故事是帮助学生理解小数的工具。具体到课堂上，让学生经历三次"削枝强干"的过程：课前让学生绘制思维导图，是为了拎出故事的主要内容；重点围绕三个点子展开交流，三个点子中又以第二个点子为重，是为了有效建构小数的概念；三个点子交流完毕，通过回顾给出主线：10—1—0.1—0.01，并让学生猜测格格巫如果继续给出点子，会给出怎样的点子，突出了小数的本质。循序渐进的教学过程，让学生一步一步走向概念的深处。最后的游戏让学生及时巩固了概念，拓展部分则拓展了小数的知识面。

参考文献

[1] 戎松魁.关于小数定义的探讨[J].小学教学研究,1990(4):27-29.

[2] 韩嘉兴."小数的初步认识"课例设计[J].云南教育:小学教师,1990(9):38.

[3] 姚杏仁,倪杰军."小数的初步认识"教案与评析[J].江西教育,1992(5):35.

[4] 课程教材研究所.20世纪中国中小学课程标准·教学大纲汇编:数学卷[M].北京:人民教育出版社,1999.

[5] 吴文娟.真实有效 互动生成——特级教师徐斌教学"认识小数"一课赏析[J].小学教学参考,2008(Z2):14.

[6] 叶柱."认识小数"教学预案[J].小学教学参考,2008(8):20.

[7] 费岭峰.合理的定位,朴素的教学——"小数的初步认识"教学设计与实践反思[J].小学教学参考,2008(11):16.

[8] 宗正平,任加顺.经历探究过程 促进知识形成——特级教师徐斌的"认识小数"教学片段赏析[J].小学教学(数学版),2008(4):22-23.

[9] 房元霞.小数的起源与发展[J].中学数学杂志,2008(6):65-66.

[10] 毕宏辉,钱金铎.教不越位 学要到位——"小数的初步认识"教学设计与思考[J].小学教学(数学版),2008(Z1):37-38.

[11] 鲍建生,周超.数学学习的心理基础与过程[M].上海:上海教育出版社,2009.

[12] 蒋志萍,汪文贤.小学数与代数基础理论[M].杭州:浙江大学出版社,2010.

参考文献

［13］梅从荣.小数部分的零为什么都要读出来［J］.数学大世界（小学三四年级适用），2010（4）：11.

［14］郑毓信.多元表征理论与概念教学［J］.小学数学教育,2011（10）：3-7.

［15］刘延革.从学生的现实起点出发认识"数"概念——《小数的初步认识》课堂实录［J］.小学教学（数学版），2010（9）：15-18.

［16］王凌.为了学生的发展——《认识小数》教学设计［J］.江苏教育：小学教学版，2011（Z1）：80-83.

［17］宋煜阳.如何实现"$\frac{1}{10}$米=0.1米"的有意义接受？"小数的初步认识"教学思考与实践［J］.中小学数学（小学版），2011（Z2）：91-94.

［18］吴正宪.翻开数学的画卷：感受数学世界的人、文、情［M］.北京：北京师范大学出版社，2012.

［19］人民教育出版社 课程教材研究所 小学数学课程教材研究开发中心.义务教育教科书数学四年级下册［M］.北京：人民教育出版社，2012.

［20］曹一鸣.十三国数学课程标准评介（小学、初中卷）［M］.北京：北京师范大学出版社，2012.

［21］袁慧娟，唐彩斌.韩国小学数学教材建设的经验与启示——韩国东州大学校长朴成泽教授访谈录［J］.小学教学（数学版），2012（4）：4-6.

［22］人民教育出版社 课程教材研究所 小学数学课程教材研究开发中心.义务教育教科书数学三年级下册［M］.北京：人民教育出版社，2012.

［23］胡国强.《认识小数》教学（二）［J］.小学教学设计,2012（14）：24-25.

［24］陈选峰.巧用"格子图"突破教学难点——以"小数的初步认识"为例［J］.小学教学（数学版），2012（6）：23.

［25］人民教育出版社小学数学室.基础数学［M］.北京：人民教育出版社，2013.

［26］邱学华.儿童学习数学的奥秘［M］.福建：海峡出版发行集团

福建教育出版社，2013.

　　［27］史宁中.小学数学教学中的核心问题［M］.北京：高等教育出版社，2013.

　　［28］彭维庆，王凌.借"形"发挥解"数"意——《认识小数》教学片段例谈［J］.教育研究与评论（小学教育教学），2014（2）：74-75.

　　［29］王维花.美国加州小学数学教材特色分析及启示［J］.小学数学教师，2014（Z1）：149-154.

　　［30］牛献礼."小数的初步认识"教学思考与实践［J］.小学教学研究，2014（25）：32.

　　［31］钱建兵.触摸数学概念的本质——周卫东"认识小数"教学片段赏析［J］.江西教育，2015（8）：38-39.

　　［32］王健，陈士才.基于预习 展示引领——"认识小数"教学实录与评析［J］.小学数学教师，2015（12）：56-58.

　　［33］陈庆宪，黄祥.凸显本质联系 促进自主感悟——"小数的初步认识"教学实录与评析［J］.小学教学（数学版），2016（1）：34-36.

　　［34］张丹."增强学生发现和提出问题能力"的实践研究［J］.小学教学（数学版），2016（1）：4-7.

　　［35］张献伟.经历创造过程 把握知识本质——"小数的初步认识"教学实践与思考［J］.小学数学教师，2016（6）：50-54.

　　［36］阮林萍，王玲丽.多元表征理论指导下的《搭配问题》教学［J］.中小学教材教学，2016（7）：50-53.

　　［37］吴慧婷.依托数学表象 构建直观意义——《小数的初步认识》教学案例（一）［J］.小学教学设计：数学，2017（11）：14.

　　［38］陆红新.基于多元表征的本质沟通——《小数的初步认识》教学案例（二）［J］.小学教学设计：数学，2017（11）：16-17.

　　［39］张齐华."小数的初步认识"教学实录［J］.小学教学（数学版），2017（6）：17-19.

后 记

这是参加朱乐平名师工作站一课研究团队学习的一份作业。

完成这份作业的期限有点长。从2014年7月18日开始，历时将近六年，这份作业伴着我辗转了四个工作单位。

完成这份作业的过程有点苦。两千多个日夜与惰性的对抗，无数次的放弃、拾起，在做与不做之间纠结，让我感受到了长期坚持做一件事真的有点难。

但，当键盘敲下最后一个字时，心里留存的却是无尽的美好！

还记得为了对偏远山区的学生做前测，大雪纷飞的日子，天色朦胧，我已在路边等车，测完之后，又马不停蹄地搭便车赶回学校上课。

还记得为了做课堂观察，我自发组织了多次教研活动，电话邀请了全市多个学校的年轻教师当我的课堂观察员。

还记得为了综述近百篇的教学设计，我将所有的设计打印出来，先做教学环节肢解，又对各个环节分门别类、选取代表，小纸片摆满了整个房间。

这样的细节很多，现在回想，不禁感叹，曾经的自己还是努力的。

回头去看，这份作业还有一些不尽如人意的地方，但完成它，至少对过去的自己、对导师、对所有关心我的人有了一个交代。

一路走来，有太多的人需要感谢。

感谢生命中的贵人。感谢单位的领导及同事对我专业进步的支持；感谢敬爱的朱乐平老师悉心指导、热情鼓励和不断地对我们灌输"坚持就是至高无上的品质"的观念；感谢我的老校长、老书记、浙江省江山市教师进修学校的原书记王智庆老师，每每在我倦怠之时给予及时点拨和鞭策。

《 小数的初步认识教学研究

  感谢我的家人。感谢公公、婆婆在每一个假期里让我过着"饭来张口、衣来伸手"的生活，从而也就有了做这份作业的时间；感谢先生一直以来对我的包容、支持、鼓励和对偷懒时的我的"批评"，特别要感谢他解决了困扰我多年的烦恼——处理了本书中的一百多幅图片；感谢儿子的乖巧、对我的监督和用孩子的眼光给我设计重构章节提的宝贵意见。

  感谢我的同伴。感谢同学袁慧娟老师帮我翻译韩国教材，感谢帮我做前测的朋友们，感谢一课研究的伙伴们自始至终的陪伴与帮助。

  当然，在文稿成书的过程中，江西教育出版社的熊志娟编辑付出了很多，感谢熊编辑对我的指导和对书稿的细致修改。

  一份不完美的作业，完成它，无关功利，只希望两鬓斑白之时，翻开它，能让我回想起这一段有着无数次放弃，但最终还是坚持下来的六年之旅。

陈小霞

2020 年 3 月 5 日于江山